新訳

十六夜日記

島内景二

花鳥社

新訳 十六夜日記

目次

Ⅳ　鎌倉と都との往復書簡集　169

V 勝訴を神に祈る長歌と反歌 255

VI

裏書《うらがき》

287

はじめに……『十六夜日記』への誘《いざな》い

王朝から中世へ

これから、鎌倉時代に、阿仏《あぶつ》、阿仏尼《あぶつに》、安嘉門院四条《あんかもんいんしじょう》などと呼ばれた女性が書いた『十六夜日記《いざよいにっき》』を、読み進めてゆく。最初に、今、なぜ、この『十六夜日記』という作品を読みたいのか、その理由をお話ししたい。この作品は、日本文学の誇るジャンルの多様性が、一つの作品の中で凝縮している。その魅力は、どこから来ているのだろうか。

日本文学の大きなピークは、平安時代にあった。さまざまな文学ジャンルが一挙に開花した。和歌では『古今和歌集』など、物語では『源氏物語』『伊勢物語』など、批評散文では『枕草子』など、そして日記としては『土佐日記』『蜻蛉日記』『和泉式部日記』『紫式部日記』『更級日記』などの傑作・名作が目白押しである。そして、その多くは、後の時代に新たに執筆された「同時代文学」よりももっと多くの読者に読まれる「古典」として、日本文学を先導し続けた。

王朝の人々の人生観・家族観・恋愛観・社会観は、その後、我が国の歴史がめまぐるしく変化する中にあっても、普遍的な価値を維持し続けた。その秘密は、どこにあったのだろう。平安時代には、地方での混乱はあったものの、大きな内乱はなかった。だが、人々の心の中では大いなる苦しみと悩みが渦巻いていた。言わば「光と影」の「影」の領域にこそ、王朝文学の不易《ふえき》の美学が存在したのである。

王朝文学の全盛期に、藤原道長が完成させた政治スタイルは、やがて土台が、大きくぐらつき始めた。天皇の摂政や関白として、藤原氏の長者が政治を執《と》り行なうのが、「摂関政治」のシステムだった。ところが、天皇を退位した上皇みずからが、政治を執り行う「院政」が、白河上皇によって始まった（一〇八六年）。そうなると、藤原氏の力が相対的に低下してゆく。

そして、一一五六年に起きた「保元《ほうげん》の乱」と、その三年後の「平治《へいじ》の乱」から始まった混乱は、国を二つに分ける、大規模な源平争乱に発展した。その結果、武士の力が強まり、「中世」という新しい時代が開幕した。

「王朝」という、輝かしい古代社会は終焉を迎えた。にもかかわらず、『源氏物語』『伊勢物語』『古今和歌集』などに代表される王朝文化は、中世になっても、大きな役割を果たし続ける。むしろ、平安時代が終わって、中世、さらには近世になるにつれて、『源氏物語』や『古今和歌集』の果たした文化的な貢献の度合いは強くなっていった。そのスタートライン近くに位置するのが、『十六夜日記』を書いた阿仏尼なのである。

阿仏尼と『源氏物語』

阿仏尼は、『源氏物語』と深い関わりがある。

阿仏尼は、藤原為家《ためいえ》の側室、あるいは後妻になった女性である。為家の父親は、藤原定《てい》家《か》。定家の父が、藤原俊成《しゅんぜい》。阿仏尼は、俊成の孫、定家の息子と結婚したことになる。

俊成は、『六百番歌合』(一一九三年)の判詞《はんし》で、「源氏見ざる歌詠《うたよ》みは、遺恨《いこん》のことなり」、『源氏物語』を読んでいない歌人は、とても残念な人だ、と述べた人物である。この一言で、『源氏物語』は中世の歌人・文化人の必読の書となった。

俊成の子の定家は、『新古今和歌集』を代表する歌人であるが、『源氏物語』の「青表紙《あおびょうし》本《ぼん》」と呼ばれる本文を校訂した、研究者・文化人でもあった。『古今和歌集』『伊勢物語』などの本文も書写し、そのことによって、信用すべき古典の「定本」を提供した。中世の日本文化は、藤原定家から始まった。その中世文化の根幹にあるのは、定家が本文を定めた『源氏物語』である、と言っても、言い過ぎではない。

その定家の子が為家である。為家の側室であることは、『源氏物語』の家元夫人となった、ということにほかならない。

ここに、興味深い作品がある。飛鳥井雅有《あすかいまさあり》（一二四一～一三〇一）が書き残した『嵯峨《さが》の通《かよ》い路《じ》』である。飛鳥井雅有は、『新古今和歌集』の撰者の一人で、蹴鞠《けまり》の名人でもあった飛鳥井雅経《まさつね》の孫に当たる。雅有は鎌倉幕府からの信任も厚く、京都と鎌倉を往復した文化人であった。

その飛鳥井雅有が、藤原為家から『源氏物語』の教えを受けた記録が、『嵯峨の通い路』である。文永六年（一二六九）、九月十七日に『源氏物語』を読み始めて、十一月二十八日に読み終わっている。

この時、為家は七十二歳、阿仏は四十五歳前後。教えを受けた飛鳥井雅有《まさあり》は、まだ二十九歳だった。この『源氏物語』講釈の場に、阿仏も同席していた。


十七日《とをかあまりなぬか》、昼《ひる》ほどに渡《わた》る。『源氏《げんじ》』始《はじ》めむとて、講師《かうじ》にとて、女主人《をんなあるじ》を呼《よ》ばる。簾《す》の内《うち》にて、読《よ》まる。まことに、面白《おもしろ》し。世《よ》の常《つね》の人《ひと》の読《よ》むには、似《に》ず。慣《な》らひ、あンべかんめり。「若紫《わかむらさき》」まで読《よ》まる。

お昼頃から桐壺《きりつぼ》の巻を読み始めて、夜までに、若紫《わかむらさき》の巻まで、一気に読んだことになる。むろん、定家が本文を定めた「青表紙本」の本文であろう。為家は、妻の阿仏を呼び寄せて、『源氏物語』の本文を音読させた。阿仏は、部屋の簾《すだれ》の内側で、音読した。その読み方は、普通の人の読み方とは、まったく似ていなかった。阿仏は『源氏物語』に最も精通した人だから、そういう人にしかできない独自の読み方があるのだろう、と雅有は感じ入った。

為家から見れば、阿仏に本文を朗読してもらい、その朗読を聴いている雅有に、古文の意味を心で感じ取ってもらうのが、大切だったのだろう。むろん、解釈の難解な箇所や、雅有が疑問に思っている箇所については、為家が答えたことだろう。それを横で聞いている阿仏は、為家の『源氏物語』理解と一体化していた。

このあとで、酒宴になる。『源氏物語』を教える側の為家は、俊成と定家の子孫であり、学ぶ側の飛鳥井雅有は、飛鳥井雅経の孫に当たる。そのことに感動した阿仏が、言葉を挟んだ。

「昔《むかし》よりの歌人《うたびと》、互《かた》みに、小倉山《をぐらやま》の名高《なだか》き住《す》みかに宿《やど》して、かやうの物語《ものがたり》の優《やさ》しき事《こと》ども言《い》ひて、心《こころ》を遣《や》るありさま、ありがたし。この頃《ごろ》の世《よ》の人《ひと》、然《さ》はあらじ」など、「昔《むかし》の人《ひと》の心地《ここち》こそすれ」など、漸《やうや》うに、色《いろ》を添《そ》へて、言《い》はる。男主人《をとこあるじ》、情《なさ》けある人《ひと》の年老《としお》いぬれば、いとど酔《ゑ》ひさへ添《そ》ひて、涙落《なみだお》とす。暁《あかつき》になれば、散《あか》れぬ。

阿仏は、心から感動している。「俊成・定家から始まる御子左家《みこひだりけ》に生まれた為家と、雅経から始まる家柄に生まれた雅有が、小倉の山荘で、王朝文化の優雅の極みである『源氏物語』を向かい合って読んでいる。『源氏物語』を読むことで、衰えた時代に生きる悲しみを晴らすのは、何と素晴らしいことだろうか。まるで、王朝の文化人が、今、ここに蘇っているかのようだ」と、雅有への配慮もあって阿仏は大袈裟《おおげさ》に感動した。涙もろくなっている老齢の為家も、感動の涙をこぼした。暁近くになったので、雅有は、お別れを言って戻っていった。

このように、阿仏は、晩年の為家に協力して、『源氏物語』を守り伝える中世文化を作り上げたのである。為家の死去は、『嵯峨の通い路』の『源氏物語』講釈のあった年の六年後であった。

二条家・冷泉家・京極家

為家の子どもたちは、後に、三つの家に分裂した。正室、最初の妻が産んだ長男の為氏《ためうじ》は、二条家《にじょうけ》を興《おこ》した。この二条家が、中世を通して、最も権威が高かった「古今伝授《こきんでんじゅ》」の家柄である。二条家の血筋が断絶しても、その教えは弟子（教え子たち）に脈々と受け継がれて、江戸時代の北村季吟《きたむらきぎん》まで続いている。室町時代後期の古典研究において、「当流《とうりゅう》」と呼ばれて尊重されたのが、二条家の教えだった。

この為氏の二条家と対立したのが、阿仏が生んだ為相《ためすけ》の興した冷泉家《れいぜいけ》である。冷泉家は、藤原定家の直筆《じきひつ》の日記である『明月記《めいげつき》』や、貴重な古写本を受け継いだ。現在も存続していることは、よく知られている。この冷泉家の初代である為相《ためすけ》の母親が、阿仏、つまり、阿仏尼だったわけである。

為家の子には、京極家《きょうごくけ》を興した為教《ためのり》もいるが、阿仏尼の生んだ子ではない。京極家は、叙景歌に優れた『玉葉和歌集《ぎょくようわかしゅう》』と『風雅和歌集《ふうがわかしゅう》』を残したけれども、三家の中では最も早く断絶した。

若かりし頃の阿仏尼の宮仕え体験

ここで、阿仏の若かりし頃の人生を、たどっておこう。

彼女は、「安嘉門院《あんかもんいん》」という高貴な皇族女性に宮仕えする女房だった。安嘉門院の御所は、北山の麓にあった。「持明院殿《じみょういんどの》」と言う。若かりし阿仏は、持明院殿の近くに、自分の家も持っていたようだ。

安嘉門院に仕える女房としての呼び名は、何度か変わった。最初が、「安嘉門院越前《えちぜん》」。二番目が「安嘉門院右衛門佐《えもんのすけ》」。「うえもんのすけ」とも読む。三番目が「安嘉門院四条《しじょう》」。この三つ目の「安嘉門院四条」という女房名が、最も有名である。「あんかもんいんの・しじょう」とも言う。

安嘉門院四条が仕えていた安嘉門院は、邦子《くにこ》内親王である。若かりし阿仏が仕えていた安嘉門院とは、どういう方《かた》だったのか。それを理解するためには、安嘉門院の祖父である高倉天皇まで遡《さかのぼ》る必要がある。

高倉天皇は、建礼門院を中宮として、平清盛の孫に当たる安徳天皇の父となった。「小督《こごう》」という女性を愛したことでも知られる。安徳天皇は、高倉天皇の第一皇子である。その安徳天皇の弟で、第二皇子だったのが、守貞《もりさだ》親王。この守貞親王が、安嘉門院の父親なのだが、波瀾万丈の生涯を送った。
西暦一一八三年、平家一門が安徳天皇と三種の神器を奉じて、西国へ都落ちした時に、守貞親王は、東宮《とうぐう》（次期天皇）の含みもあって、一緒に連れて行かれた。後白河法皇は、安徳天皇が都からいなくなったので、新しい天皇を即位させることにした。都に残っているのは、高倉天皇の第三皇子と第四皇子である。後白河法皇は、結果的に、第四皇子を即位させた。この場面を、『平家物語』で読んでみよう。

高倉院《たかくらゐん》の皇子《わうじ》は、主上《しゆじやう》のほか、三所《みところ》ましましき。二《に》の宮《みや》をば、儲《まう》けの君《きみ》にし奉《たてまつ》らむとて、平家《へいけ》、誘《いざな》ひ参《まゐ》らせて、西国《さいごく》へ落《お》ち給《たま》ひぬ。三《さん》、四《し》は、都《みやこ》にましましけり。同《おな》じき八月五日《はづきいつか》の日《ひ》、法皇《ほふわう》、この宮《みや》たちを迎《むか》へ寄《よ》せ参《まゐ》らせ給《たま》ひて、まづ、三《さん》の宮《みや》の、五歳《ごさい》にならせ給《たま》ふを、「これへ、これへ」と仰《おほ》せければ、法皇《ほふわう》を見参《みまゐ》らッさせ給《たま》ひて、大《おほ》きに、むつからせ給《たま》ふ間《あひだ》、「疾《と》う、疾《と》う」とて、出《い》だし参《まゐ》らッさせ給《たま》ひぬ。その後《のち》、四《し》の宮《みや》の、四歳《よんさい》にならせ給《たま》ふを、「これへ」と仰《おほ》せければ、少《すこ》しも憚《はばか》らせ給《たま》はず、やがて、法皇《ほふわう》の御膝《おんひざ》の上《うへ》に参《まゐ》らせ給《たま》ひて、よにも懐《なつ》かしげにてぞ、ましましける。

第三皇子は、後白河法皇を恐がったので、「早く、あっちへお行き」と追い出された。第四皇子は、後白河法皇になついて、膝の上に乗った。こうして、第四皇子が天皇に即位した。後鳥羽天皇である。後鳥羽天皇は、天皇の象徴である「三種の神器」を持たずに、即位した。これが、彼の生涯にわたる痛恨事となり、トラウマとなった。

西暦一一八五年、壇ノ浦で、平家が滅亡した。第二皇子の守貞親王は、都に戻ってきた。『平家物語』で読もう。

然《さ》る程《ほど》に、二《に》の宮《みや》、還《かへ》り入《い》らせ給《たま》ふとて、法皇《ほふわう》より御迎《おんむか》へに御車《おんくるま》を参《まゐ》らせらる。御《おん》心《こころ》ならず、平家《へいけ》に捕《と》られさせ給《たま》ひて、西海《さいかい》の波《なみ》の上《うへ》に漂《ただよ》はせ給《たま》ひ、三年《みとせ》を過《す》ごさせ給《たま》ひしかば、御母儀《おぼぎ》も、御傅《おんめのと》・持明院《じみやうゐん》の宰相《さいしやう》も、御心苦《みこころぐる》しき事《こと》に思《おも》はれけるに、別《べつ》の御事《おんこと》なく、還《かへ》り上《のぼ》らせ給《たま》ひたりしかば、さし集《つど》ひて、皆《みな》、喜《よろこ》び泣《な》きども、せられける。

無事かどうか、皆が心配していた守貞親王は、都に戻ってこられた。けれども、既に、弟が後鳥羽天皇として即位していたのだった。

この守貞親王の運命が激動したのは、それから三十六年後のことである。一二二一年、後鳥羽院が鎌倉幕府を倒そうとして失敗した、承久《じょうきゅう》の乱が起きた。この結果、後鳥羽院・順徳院・土御門院《つちみかどいん》の三人の上皇が、流罪《るざい》となった。順徳院の皇子の仲恭《ちゅうきょう》天皇も、即位して、わずか七十余日で退位した。替わって、後堀河天皇が即位したが、この天皇が、守貞親王の子どもなのだ。即位当時で、数えの十歳だった。

守貞親王は、新たに即位した後堀河天皇の父親として、院政を行った。自分自身は天皇にならなかったものの、「後高倉院《ごたかくらいん》」として、政治の世界の頂点に立った。

この後高倉院の娘が、安嘉門院である。安嘉門院は、弟の後堀河天皇の「准母《じゅんぼ》」となって、母親に準じる扱いを受けた。そして、父の「後高倉院」の崩御後には、歴代の上皇たちが相続してきた膨大な荘園群を受け継いだ。

この安嘉門院に仕えた女房が、後《のち》に阿仏尼と呼ばれた女性だった。その阿仏尼の父親とも、養父《ようふ》とも言われるのが、平度繁《たいらののりしげ》である。桓武平氏の彼は、安嘉門院の母親だった「北白河院」（藤原《持明院》陳子）の乳母《めのと》の子だった、と言われる。その関係で、阿仏尼も、その姉妹も、安嘉門院に女房として仕えていた。

そういう生活の中で、彼女は、安嘉門院の御所に出入りする、身分の高い男性貴族と恋に落ちた。彼は、妻子ある男性で、光源氏のように魅力的だった。そして、匂宮のように移《うつ》り気《ぎ》だった。その恋に破れた彼女は、突如として、安嘉門院のお屋敷を出奔して、西山の尼寺に向かう。この恋の顚末を描いたのが、『うたたね』である。詳しくは、『新訳 うたたね』を参照していただきたい。

なお、女主人の安嘉門院と、女房だった阿仏尼の年齢差は、十四、五歳だと思われるが、同じ年に亡《な》くなった。弘安《こうあん》六年（一二八三）、四月八日に阿仏が六十歳前後で没し、九月四日に安嘉門院が七十五歳で亡くなった。

和歌の歴史の転換点に立った女性

「御子左家《みこひだりけ》」の歌学は、俊成、定家、為家の三代で、蓄積を完了した。その次の世代で、「二条、京極、冷泉」という三家に分裂する。その分岐点に位置するのが、阿仏尼なのだった。

為家の正室（前妻）は、鎌倉武士の名門・宇都宮頼綱《よりつな》（蓮生《れんしょう》）の娘である。頼綱の小倉山荘の障子を飾るために、為家の父・藤原定家が選んだ王朝和歌が『小倉百人一首』の原型であると伝えられる。

為家と頼綱の娘の間には、二条家の祖・為氏《ためうじ》と、京極家の祖・為教《ためのり》たちが生まれた。そして、側室（後妻）である阿仏尼との間に、冷泉家の祖・為相《ためすけ》たちが生まれた。

先ほど述べたように、中世の古典学において、極めて重要な役割を果たした「古今伝授」は、二条家の学問である。初代為氏の子である二条為世《ためよ》は、勅撰和歌集の撰者となるだけでなく、「和歌四天王《わかしてんのう》」と呼ばれる優れた弟子を育てた。頓阿《とんあ》（トンナ、とも）・兼好《けんこう》・浄弁《じょうべん》・慶運《けいうん》の四人である。頓阿の家集『草庵集』は、江戸時代でも高く評価され、本居宣長も注釈書を残しているほどである。兼好は、散文の傑作『徒然草』を残している。二条家の血筋が絶えた後も、頓阿の子孫たちが二条家の学問を継承し、それが「古今伝授」に繋がった。

冷泉家の初代為相の孫に当たる冷泉為尹《ためまさ》（タメタダ、とも）は、中世最後の大歌人と言われる正徹《しょうてつ》の師であった。正徹は、連歌の祖・心敬《しんけい》の師に当たる。正徹は古典学にも優れ、『源氏物語』の注釈書も残している。『徒然草』の「正徹本」と呼ばれる写本は、『徒然草』の諸本の中で現存する最古のものである。

冷泉家は、正徹の師・為尹の次の世代から、「上《かみ》冷泉家」と「下《しも》冷泉家」とに別れる。上冷泉家は、現在まで続く冷泉家である。現在、『源氏物語』研究に際して重視されている「明融本《めいゆうぼん》」（ミョウユウボン、とも）は、上冷泉家の血筋の明融が室町時代に書写したものである。

下冷泉家は、阿仏尼が二条家と裁判で争って、冷泉家への帰属を認められた播磨の国の「細川の庄」を相続した。下冷泉家の子孫には、儒学者の藤原惺窩《せいか》がいる。

阿仏尼が原因となり、立ち合った「二条・京極・冷泉」という分裂は、その後の日本文化に大きな影響を与え続けた。

源氏文化を守るために

これから読む『十六夜日記』は、阿仏尼が都から鎌倉へと向かう旅を描いている。その旅立ちの理由は、細川の庄の所有権と管轄権をめぐる対立だった。細川の庄（細川の荘）は、播磨の国の細川にあり、現在の三木市の面積（約一七六平方キロメートル）の三分の一近くを占めたとされる。

争いの概要のみを記せば、為家は阿仏尼との間に為相を儲けたことで、細川の庄を為氏に与えるとしていた「譲り状」を書き改めて（悔《く》い返《かえ》し）、為相に与える旨を鮮明にした。ただし、その変更を為氏が認めなかったために、阿仏尼は鎌倉での訴訟を決意したのである。当時の公家法では「悔い返し」を認めず、武家法では「悔い返し」を認めたとされる。そのため、阿仏尼は鎌倉へ向かったのだろう。

ただし、為氏の母は、鎌倉武士の名門宇都宮頼綱の娘である。また、元寇の余波もあり、阿仏尼の生前には細川の庄の所有権は、確定しなかった。が、後に、冷泉家の所有が認められ、阿仏尼の執念が報われた。

阿仏尼は、弘安六年（一二八三）に鎌倉で没したとする説と、都で亡くなったとする説とがあり、真相はわからない。

阿仏尼の心を衝《つ》き動かしたのは、財産への所有欲ではなく、日本文化の正統を守りたいという使命感だった。そのことを鮮明にするために書かれたのが、『十六夜日記』である。言わば、御子左家が蓄積してきた「源氏文化」を守りたい、という情熱である。

『十六夜日記』の意義

『十六夜日記』は、知名度の高い古典である。若かりし頃の恋愛の顛末を物語風に記した『うたたね』が、知る人ぞ知るという程度の知名度に留まっているのに対して、高等学校で学習する機会も多い。

だが、『十六夜日記』は魅力に欠ける、という見方があることも事実であろう。「期待して読み始めたけれども、さほどでもなかった」という率直な感想を、私は聞いたことがある。実は、若かりし頃の私自身が、『うたたね』には甚だ心引かれるものの、『十六夜日記』にはさほどではなかった。

けれども、『源氏物語』が生みだした「源氏文化」の意義を研究し続けた後に、『十六夜日記』を読むと、『十六夜日記』が日本文学史を凝縮した書物であることが、やっと理解できるようになった。

第一に、『十六夜日記』は、和歌に基軸を据えた、優れた日本文化論である。これは、『十六夜日記』の冒頭部に置かれている。日本文化の本質を和歌に据えるのは、「源氏文化」の別名が「和歌文化」であることと深く関わる。「和歌文化」と『源氏物語』との関連については、拙著『和歌の黄昏　短歌の夜明け』を参照していただきたい。『十六夜日記』は、歌論であり、評論なのである。

第二に、『十六夜日記』は、旅に出る者と見送る者とが、心を込めて和歌を贈答する「離別歌」の見本集・手本集・教科書である。和歌文化の源泉である『古今和歌集』には、「離別歌」という部立《ぶだて》がある。『源氏物語』でも、須磨へと旅立つ光源氏は、都に残る人々と和歌を詠み交《か》わしている。その伝統の中で、『十六夜日記』は感動的な「別れの歌」を詠み上げた。

第三に、『十六夜日記』は、紀行文学の見本集・手本集・教科書である。『土佐日記』や『更級日記』など、紀行文学的な性格を持つ日記は多い。物語でも、『伊勢物語』の東下りや、『源氏物語』の須磨・明石流離などがある。都から鎌倉まで旅をした阿仏尼は、「道の記」の模範を、『十六夜日記』で示している。

第四に、『十六夜日記』は、往復書簡集の見本集・手本集・教科書である。我が国には『庭訓《ていきん》往来《おうらい》』など、往復書簡集の伝統がある。明治時代の樋口一葉『通俗書簡文』に到るまで、その伝統は及んでいる。鎌倉にいる阿仏尼と、都に残った人々との往復書簡集を書き記すことで、書簡文の書き方のスタイルを、ここに提示したのである。

第五に、『十六夜日記』は、「神に祈る長歌と反歌」の見本集・手本集・教科書である。『十六夜日記』には、長期化した裁判での勝利を神に祈って詠まれた長歌と反歌が添えられている。そもそも、『十六夜日記』は、和歌を基軸に据えた日本文化論であった。和歌は、人間と神を繋ぐ有効な手段である。その見本・手本・教科書として、この長歌と反歌は位置づけられる。

『十六夜日記』を六章に区切る

このように、『十六夜日記』には、五つの性格があった。その五つに、末尾の「裏書《うらがき》」(奥書《おくがき》)を加えて、本書『新訳 十六夜日記』では、全体を六章に区切りたい。巻頭の「和歌に基軸を据えた日本文化論」を独立させたのが、本書における私案である。

また、王朝の和歌と物語のエッセンスが「御子左家」に流れ込み、集積され、そこから「二条・京極・冷泉」という三家へと分岐して流れ出し、中世文化を創り上げてゆくプロセスを、この『十六夜日記』を読みながら辿りたい。

『十六夜日記』に書かれた「五つの教え」は、作者である阿仏尼が冷泉家の子孫だけではなく、後世の人々すべてに向けられた教えであることが、納得されるだろう。

エドウィン・ライシャワーは、『十六夜日記』を、「The Diary of the Waning Moon」と英語訳している。「欠けてゆく月」「満月から欠け始めた月」というニュアンスだろうか。阿仏尼は、和歌と『源氏物語』に代表される日本文化が衰退することを、強く危惧していた。欠けてゆき、消滅した月が、再び満ち始めるように、本書の読者の心の中で、日本文化が満月を迎えられるようにと願ってやまない。

【凡例】

一、『十六夜日記』の本文は、『新訳 うたたね』に引き続き、「扶桑拾葉集《ふそうしゅうようしゅう》」収録本を用いる。この本文で意味の通らない箇所を、他の写本や版本を用いて、意味が通るように校訂することは一切しない。

一、『うたたね』の本文については、「扶桑拾葉集」を含む写本や版本との異同を網羅した江口正弘編『十六夜日記　校本及び総索引』（笠間書院）を参看した。「扶桑拾葉集」と他本とで重要な相違がある場合には、［評］で言及した。

一、「扶桑拾葉集」は、国立公文書館デジタルアーカイブで公開されている画像を絶えず参看した。

一、本文には、漢字を多く宛《あ》てた。

一、本文を、六つの章と、四十一の節に分け、節には通し番号と小題を付けた。

一、本文の仮名づかいは、通行の「歴史的仮名づかい」とした。本文中のルビも「歴史的仮名づかい」とした。

一、［訳］と［評］のルビは「現代仮名づかい」としたが、古文の引用部分については「歴史的仮名づかい」とした。

一、本文で、撥音の「ん」は、「ン」と表記した。

例　なめり・なんめり　→　なンめり　　　びな(便無)し　→　びンなし

一、［注］は設けず、［訳］や［評］の中に盛り込むことを原則とした。

一、［訳］は、逐語訳ではなく、大胆な意訳である。『十六夜日記』の魅力を、現代日本語に置き換えたかったからである。

一、［評］は、［訳］に盛り込めなかった作者の執筆心理を明らかにすることに努めた。それと同時に、日本文学史の中で占める『十六夜日記』の位置を、具体的に解説しようとした。

一、本文は総ルビとし、読みが確定できない「御」や数字にも、仮のルビを振った。

一、和歌の掛詞は、本文の左横に明記した。

新訳　十六夜日記

Ⅰ　私はなぜ、旅人となったのか

0　標題

十六夜《いざよひ》の記《き》　　同《おなじ》

［訳］　この『十六夜《いざよい》の記《き》』、こと『十六夜日記《いざよいにっき》』は、この「扶桑拾葉集」に収めた『庭《にわ》の訓《おしえ》』（別名『乳母《めのと》の文《ふみ》』『阿仏尼消息《あぶつにしょうそく》』）や、『権大納言為家卿五七日の願文《ごんだいなごんためいえきょうごしちにちのがんもん》』（別名『阿仏仮名諷誦《あぶつかなふじゅ》』）と同じく、「阿仏《あぶつ》」（阿仏尼《あぶつに》）が書いた作品である。

［評］　「同」とあるのは、「阿仏」（阿仏尼）のこと。「扶桑拾葉集《ふそうしゅうようしゅう》」の巻十二に

は、『うたたね』『庭《にわ》の訓《おしえ》』『権大納言為家卿五七日《ごんだいなごんためいえきょうごしちにち》の願文《がんもん》』『いざよひの記《き》』というように、阿仏（阿仏尼）の作品が並んでいる。最初の『うたたね』には「阿仏」という作者名が明記されている。その後の三つは「同」という表記で、作者が前の作品と同じで、阿仏であることを示している。

『十六夜日記《いざよいにっき》』には、別名が非常に多い。『十六夜の日記』『十六夜の記』『十六夜記』『不知夜記』『阿仏記』『阿仏尼海道記』『阿仏房紀行』『阿仏の道の記』などである。

『不知夜記』は、感動詞や副詞の「いさ」を、漢字で「不知」と表記することと関連があるだろう。『万葉集』で用いられた万葉仮名でも、「いさよふつき」を、「不知世経月」「不知夜経月」「不知夜歴月」などと表記した例がある。

また、名詞の「十六夜」は、「いさよひ」「いざよひ」、清濁両方の発音があり、動詞形にも「いさよふ」「いざよふ」、清濁両方の発音がある。本書では、名詞形を「いざよひ」、動詞形を「いざよふ」と、どちらも濁音で表記したい。

1 私の悩みの種《たね》は、親不孝な者たちである

昔《むかし》、壁《かべ》の中《なか》より、求《もと》め出《い》でたりけむ書《ふみ》の名《な》をば、今《いま》の世《よ》の人《ひと》の子《こ》は、夢許《ゆめばか》りも、身《み》の上《うへ》の事《こと》とは知《し》らざりけりな。水茎《みづくき》の岡《をか》の葛原《くずはら》、返《かへ》す返《がへ》すも書《か》き置《お》く跡《あと》、確《たし》かなれども、甲斐《かひ》無《な》き物《もの》は、親《おや》の諫《いさ》めなり。

又《また》、「賢王《けんわう》の、人《ひと》を捨《す》て給《たま》はぬ政《まつりごと》にも漏《も》れ、忠臣《ちゆうしん》の、世《よ》を思《おも》ふ情《なさ》けにも捨《す》てらるる者《もの》は、数《かず》ならぬ身《み》一《ひと》つなりけり」と、思《おも》ひ知《し》りなば、又《また》、然《さ》てしもあらで、猶《なほ》、此《こ》の憂《うれ》へこそ遣《や》る方無《かたな》く、悲《かな》しけれ。

［訳］ 昔、と言っても、今から千四百年くらい前の古代中国の話である。賢帝として名高い前漢《ぜんかん》の景帝《けいてい》の御代《みよ》（紀元前二世紀）に、孔子（紀元前六世紀の生まれ）がかつて住んでいた家を壊した時に、壁の中から石の箱が出てきた。その中には『古文孝経《こぶんこうきょう》』二十二章が入っていた、と伝えられている。賢帝である景帝は、自分が善政を行うために、「孝」を基本

とした孔子の教えに学ぼうとした。その姿勢が、孔子の家の壁を壊してまでも『古文孝経』を発見させたのであろう。また、四百年ぶりに世の中に現れた『古文孝経』のほうでも、そこに書かれてある孔子の教えを景帝に実践してもらいたくて、景帝の時代を選んで壁の中から進んで出てきたのだろう。

それほどまでに「孝」の教えは大切なものであるにもかかわらず、今の我が国では、政治も文化も混乱を極め、「孝」の教えはまったくと言ってよいほど廃《すた》れてしまった。ほかならぬ自分自身の周囲にも、切実に「孝」の大切さをまったく理解している者の、何と少ないことか。子どもが親の教えを守ろうとしないことは、何とも驚くばかりであり、嘆かわしいことだ。

近江の国の水茎《みずくき》の岡《おか》に生《は》えている葛《くず》の葉が、風が吹くたびに、ひらひら翻《ひるがえ》って何度も白い葉裏を見せるように、親が、繰り返し繰り返し筆を墨にひたして、白い紙に綿々と書き綴った書き付けが、しっかりと残っている。それなのに、今の子どもたちは、親が心を込めて書いた遺訓を、完全に無視している。親の遺志は、子どもに伝わらなければ、ただの紙反故《かみほご》でしかない。

私の亡き夫である藤原為家《ためいえ》殿は、自分の遺産の相続方法について、明瞭な意思表示を書き残しておられた。それなのに、前妻（正室）の子である二条為氏《にじょうためうじ》殿は、父親である為家殿の遺訓を踏みにじり、後妻（側室）である私の生んだ冷泉為相《れいぜいためすけ》たちが相続すべき播磨《はりま》の国の細川《ほそかわ》の庄《しょう》を横領しようとしている。孔子が末代までも伝えようとした「孝」の教えは、為氏殿たちにはまったく無視されているようだ。

さらに言おう。「善政を施しておられる理想の天皇・上皇が、一人でも多くの者たちを幸せにしてあげようと努めていらっしゃっても、どうしてもその救いの網から洩れ落ちてしまう少数者が出てしまうのは止《や》むを得ないことである。また、天皇・上皇の意を体して、具体的な政《まつりごと》を行っている鎌倉幕府の為政者たちが、慈《いつく》しみの気持ちを胸に、一人でも多くの者たちを不幸にしたくないと努めても、不幸・不遇のまま捨て置かれてしまう少数者が出てしまうのも止《や》むを得ないことである。自分が、そのごくごく少数者である不幸な人間であるのは、ひとえに自分自身のいたらなさのためである」と納得できれば、それでもよいだろう。

だが、私は、どうしても納得できないのである。これは、天皇・上皇や、幕府の為政者たちへの不満ではない。親の教えを捨てて顧みない「悪子」たちの不孝が、とうてい承服できないからである。このような私の苦しみや痛憤は、どうにも解消する方法が見つからない。悲しいことである。

［評］『十六夜日記』の第Ⅰ部は、阿仏尼が真っ正面から、日本文化とは何か、和歌とは何かを語る評論である。歌論《かろん》であると同時に、文化論になってい

る。

さて、『十六夜日記』は、儒教の教えから説き始められている。和歌（神と人間を繋ぐコミュニケーション手段）で代表される日本文化と、儒教で代表される中国文化、さらには仏教で代表されるインド（天竺）文化は、根っこが一つなのだという理解である。言わば、「和《わ》・漢《かん》・梵《ぼん》」の立体化が目指されている。拙著『和歌の黄昏　短歌の夜明け』では、この異文化統合システムこそが「和歌文化＝源氏文化」の本質であり、『古今和歌集』と『源氏物語』を基盤として、中世の日本人が作り上げた、最良の「知のシステム」であることを述べた。それを批判したのが、「漢心《からごころ》」を排除しようとする国学の本居宣長である。阿仏尼の思想は、中世の源氏文化の先駆けをなしている。

中世の源氏文化は、『源氏物語』を恋愛がテーマであるとは読まず、為政者

の心がけを説く政道書とする点に特色があった。阿仏尼もまた、政道と歌道とを一つに融合させた理念を抱いていた。

阿仏尼にとって、為家が残した播磨の国の細川の庄が、冷泉家に戻ってくるか、二条家に取られっぱなしで終わってしまうかは、鎌倉幕府の政道が正しいか、どうかを見きわめる試金石なのでもある。

なお、阿仏尼が「賢王」や「忠臣」からさえ見捨てられたと嘆いているのは、細川の庄をめぐる訴訟の経過を反映している。細川の庄の「領家職《りょうけしき》」（所有権）を巡る争いは朝廷が裁き、「地頭職《じとうしき》」（管轄権）を巡る争いは鎌倉幕府の六波羅《ろくはら》探題《たんだい》が裁いた。どちらもが当初は為氏が勝利したため、阿仏尼の危機感が高まったのだと考えられる。

なお、「水茎の岡」は、「みづくき」「みづぐき」、清濁の両説がある。定家の歌の用例。

水茎《みづくき》の岡《をか》の葛原《くずはら》吹《ふ》き返《かへ》し衣手《ころもで》薄《うす》き秋《あき》の初風《はつかぜ》　『千五百番歌合』

水茎《みづくき》の岡《をか》の真葛《まくず》を海人《あま》の住《す》む里《さと》の導《しるべ》と秋風《あきかぜ》ぞ吹《ふ》く　『新後撰《しんごせん》和歌集』

阿仏尼の夫・為家にも、「水茎の岡」を詠んだ歌がある。

老《おい》の後《のち》、病《やまひ》に沈《しづ》みて侍《はべ》りし冬《ふゆ》、雪《ゆき》の夜《よ》、前《さき》の大僧正道玄《だいそうじやうだうげん》、人々《ひとびと》許多《あまた》伴《ともな》ひ来《き》たりて、題《だい》を探《さぐ》りて、歌詠《うたよ》み侍《はべ》りし中《なか》に、「岡雪《をかのゆき》」と言《い》へる事《こと》を、詠《よ》み侍《はべ》りしを、筆取《ふでと》る事《こと》適《かな》はず侍《はべ》りて、為兼《ためかね》の、少将《せうしやう》に侍《はべ》りし時《とき》、書《か》かせて、出《い》だし侍《はべ》りし　前大納言為家

如何《いか》にして手《て》にだに取《と》らぬ水茎《みづくき》の岡辺《をかべ》の雪《ゆき》に跡《あと》を付《つ》くらむ　『玉葉和歌集』

水茎《みづくき》の岡《をか》の湊《みなと》の波《なみ》よりや筆《ふで》の海《うみ》てふ名《な》には立《た》ちけむ　『夫木和歌抄』

為家の二首の「水茎」は、「水茎の岡」という歌枕に、筆・筆蹟の意味の「水茎」を掛詞にしている点に特徴がある。『玉葉和歌集』の詞書は、文字を書くことが困難なくらい、為家が衰えていたことを、孫の京極為兼が伝えている。

阿仏尼が、「水茎《みづくき》の岡《をか》の葛原《くずはら》、返《かへ》す返《がへ》すも書《か》き置《お》く跡《あと》、確《たし》かなれども」と書いた時、最晩年の為家が自分で筆を執ることもままならぬ状況の中で、必死に筆を持って、為相のために譲り状を書いた姿が思い浮かべられていたことだろう。

2 私は、「和歌の道」を守りたい

更《さら》に、思《おも》ひ続《つづ》くれば、「大和歌《やまとうた》の道《みち》は、唯《ただ》、誠少《まことすく》なく、徒《あだ》なる遊《すさ》み許《ばか》り」と思《おも》ふ人《ひと》もや有《あ》らむ。「日《ひ》の本《もと》の国《くに》に、天《あま》の岩戸《いはと》開《ひら》けし時《とき》より、四方《よも》の神達《かみたち》の、神楽《かぐら》の言葉《ことば》を始《はじ》めて、世《よ》を治《をさ》め、物《もの》を和《やは》らぐる媒《なかだち》と成《な》りにける」とぞ、此《こ》の道《みち》の聖達《ひじりたち》は、記《しる》し置《お》かれたりける。

［訳］ 中国を起源とし、我が国に渡来して根づいたのが、儒教の「孝」の教えだった。それでは、我が国の古来の教えである「和歌の道」は、どうなのだろうか。その点について、もう少し私の考えを述べたい。そうすると、私の抱いている怒りが、親不孝の為氏殿に対する私憤ではなく、もっと大きな、和歌という我が国の文化の根幹に関わる公憤であることが、皆さんにもわかってもらえるだろう。

「『大和歌は、大和《やまと》、すなわち日本を代表する文化である』などと、ご大層なことを言う歌人がいるが、和歌などは所詮、男と女が交わす軽薄な言葉遊《あそ》びではないか。人生について深く思索する哲学的・思索的な要素が、和歌には不足している」などと、和歌という文学ジャンルを批判的に思う人もいることだろう。

けれども、和歌は、決して実《じつ》のない遊び事ではない。その証拠に、歌聖《かせい》と呼ばれた偉大な歌人たちは、『古今和歌集』の仮名序《かなじょ》を始め、さまざまな歌論《かろん》の中で、次のように述べておられる。「この日本という国の始まりは、神代《かみよ》の昔である。太陽神である天照大神《あまてらすおおみかみ》が天《あま》の岩戸《いわと》にお籠《こ》もりになり、世界が真っ暗闇になったことがあった。その岩戸が開いて、世界に再び輝かしい光が満ちあふれた時に、あまたの神々が、神楽歌《かぐらうた》をお歌いになった。天照大神も、『あな、面白《おもしろ》』とおっしゃり、神楽歌を喜ばれた。この神楽歌こそが、和歌の起源である。それ以降、神の時代から人間の時代になったが、和歌は、世の中の隅々《すみずみ》にまで光を注ぎ、正しくこの世を治める政《まつりごと》の手段となった。正しい政治とは、人間関係の対立を融和し、調和させて、仲を取り持つことである。人と人とを正しく、かつ美しく結びつける力が、和歌にはあるのだ」、と。

このように言われているからには、和歌が、遊び事などであるはずはない。「和《わ》の国＝大和《やまと》の国」の文化的な文柱である和歌の道は、「孝」の教えを説く儒学と並び、同じくらいに大切なものである。この和歌の道に、かく言う私も、深く関わってきた。だから、どうしても、この和歌の道を守らなければならない、という気持ちを強く抱いている。

［評］　室町時代の大文化人だった一条兼良《かねら》（カネヨシ、とも）は、『源氏物語』や『伊勢物語』の研究史上、画期的な業績を残した。その兼良の思想を一言で要約すれば、「和」の思想ということに尽きる。我が国が「和国」と表記されるのは、「和＝やわらげる」思想を、国家理念としているからである。

そこで、兼良は、日野富子《ひのとみこ》（室町幕府八代将軍足利義政の夫人）に献呈した『小夜寝覚《さよのねざめ》』で、天照大神や神功皇后《じんぐうこうごう》、北条政子などを例に挙げつつ、女性が政治に携わるほうが平和な状態を保てると述べている。兼良の目には、「戦う女性」である阿仏尼も、この系譜に属していたのではなかったろうか。

なお、阿仏尼は、天の岩戸の神話を引用しつつ、神楽の起源と和歌の起源を説明している。［訳］で「面白《おもしろ》」という言葉を用いたのは、『古語拾遺《こごしゅうい》』（平安時代初期の成立）の記述によった。中世にはさまざまな『古今和歌集』の序注が出現したが、たとえば『三流抄《さんりゅうしょう》』にも、「アナ面白ヤ」という天照大神の言葉が見られる。この『三流抄』では、神々が歌ったのは「催馬楽《さいばら》」だとされている。

3　和歌の家を守るために、いざ鎌倉へ

然《さ》ても又《また》、集《しふ》を撰《えら》ぶ人《ひと》は、例多《ためしおほ》かれども、二度《ふたたび》勅《ちよく》を受《う》けて、代々《よよ》に、聞《き》こえ上《あ》げたる家《いへ》は、類《たぐひ》、猶《なほ》、有《あ》り難《がた》くや有《あ》りけむ。

其《そ》の跡《あと》にしも携《たづさ》はりて、三人《みたり》の男子《をのこご》ども、百千《ももち》の歌《うた》の古反古《ふるはぐ》どもを、如何《いか》なる縁《えに》か有《あ》りけむ、預《あづ》かり持《も》たる事《こと》有《あ》れど、（為家）「道《みち》を扶《たす》けよ。子《こ》を育《はぐく》め。後《のち》の世《よ》を弔《と》へ」とて、深《ふか》き契《ちぎ》りを結《むす》び置《お》かれし細川《ほそかは》の流《なが》れも、故無《ゆゑな》く、堰《せ》き止《とど》められしかば、跡弔《あとと》ふ法《のり》の燈《とも》し火《び》も、道《みち》を護《まも》り、家《いへ》を扶《たす》けむ親子《おやこ》の命《いのち》も、諸共《もろとも》に消《き》えを争《あらそ》ふ年月《としつき》を経《へ》て、危《あや》ふく心細《こころぼそ》きながら、何《なに》として、つれなく、今日《けふ》まで永《なが》ふるらむ。

惜《を》しからぬ身一《みひと》つは、易《やす》く思《おも》ひ捨《す》つれども、子《こ》を思《おも》ふ心《こころ》の闇《やみ》は、猶《なほ》、忍《しの》び難《がた》く、道《みち》を顧《かへり》みる恨《うら》みは、遣《や》らむ方無《かたな》く、（阿仏）「然《さ》ても、猶《なほ》、東《あづま》の亀《かめ》の鑑《かがみ》に映《うつ》さば、曇《くも》らぬ影《かげ》もや顕《あらは》るる」と、迫《せ》めて、思《おも》ひ余《あま》りて、万《よろづ》の憚《はばか》りを忘《わす》れ、身《み》を要無《えうな》き者《もの》に成《な》し果《は》てて、ゆくりも無《な》く、「躊躇《いざよ》ふ月《つき》に、誘《さそ》はれ出《い》でなむ」とぞ、思《おも》ひ成《な》りぬる。

〔訳〕　そもそも、私が深く関わった「和歌の家」は、ただの「和歌の家柄」ではない。我が国の文化の支柱である「和歌の道」の根幹をなすのは、天皇や上皇の命《めい》で編纂《へんさん》される勅《ちょく》撰《せん》和歌集である。この一大国家事業である勅撰和歌集に、たとえ一首でも和歌が撰ばれた人は、その時から「勅撰歌人」となり、その名声は永遠に称えられる。その勅撰和歌集を撰ぶ「撰者《せんじゃ》」を命じられるのは、勅撰歌人となる名誉の何千倍もの名誉であろう。しかも、一度ではなく、二度も勅撰和歌集の撰者となり、撰び終わった勅撰和歌集を天皇や上皇に奏上した「歌の道の体現者」は、これまでに二人しかいない。

一人は、藤原定家卿《ていかきょう》。八番目の『新古今和歌集』（一二〇五年）では、六人の撰者のうちの一人。九番目の『新勅撰和歌集』（一二三五年）では、単独撰者の大任を担った。ちなみに、定家卿の父親である俊成《しゅんぜい》卿も、七番目の『千載《せんざい》和歌集』（一一八八年）の単独撰者だった。

さて、定家卿の息子で、「和歌の道」の正当な後継者だった為家《ためいえ》殿こそが、私の亡夫にほかならない。為家殿は、十番目の『続後撰《しょくごせん》和歌集』（一二五一年）では単独撰者、十一番目の『続古今《しょくこきん》和歌集』（一二六五年）では四人の撰者のうちの一人だった。つまり、七番目から十一番目までの栄《は》えある勅撰和歌集は、「御子左家《みこひだりけ》」と呼ばれる藤原俊成・定家・為家の三代が、撰者としてその成立に深く関わっていたのである。これだけ「和歌の道」の中枢を占め続けたのは、空前絶後であろう。

私は為家殿の妻として——正確には「後妻」、そして、世間の厳しい目から見ると「側室」あるいは「妾《しょう》」として——、和歌の道に深く関与する光栄に浴した。幸運にも、為家殿との間に、為相《ためすけ》や為守《ためもり》など、三人の男の子を授かった。加えて、為家殿は、私との間にどんな前世からの深い因縁があったものか、御子左家に伝わる由緒ある旧い歌書類を、「百千《ももち》」も、私に預けてくれた。「百千《ももち》」は、たくさんという意味だが、その中には定家卿の『小倉百人一首』も、俊成卿の『千載和歌集』の写本も含まれている。また、定家卿の詳細な日記である『明月記』も含まれている。世間には、私が勝手に『明月記』などを運び出したと悪口を言う人もいるようだが、為家殿の自筆で、為相に譲ると明記した文書も存在している。

為家殿が私たちに貴重な歌書類を託されたのは、「御子左家が営々とした努力によって集約してきた和歌の道を、細らせずに、さらに発展させなさい。あなたとの間に生まれた三人の男の子を、立派に育て、歌人として大成させなさい。私の後世を弔《とむら》って、私が死後も安心して極楽にいられるようにしなさい」という三つの教えを実現させるためだった。

為家殿は三つの教えを私に守らせるために、一族の人たちと深く約束して、播磨《はりま》の国の「細川の庄」を、私と三人の男の子のために遺しておいてくれたのだった。それなのに、為家殿の前妻――「正妻」とか「正室」などという言葉を私は使いたくない――の子ども(二条為氏)たちが、何の法的根拠もなく、細川の庄の相続権は、自分たちのほうにある、などと横槍《よこやり》を入れ、不当に横領してしまった。私たちに託された為家殿の遺志が、妨害されたのである。

そのため、和歌の道を継承して発展させることも、私たち親子の命をつないで亡き為家殿を安心させることも、為家殿の後世を弔う燈《ともしび》の火を絶やさないことも、三つの遺訓のすべてが危機的な状況に陥った。そのような苦境の中で、極度の不安に追い詰められながらも、今日までは、何とか生き延びてこられた。自分がどうやって、困難な日々を切り抜けたのか、夢中だったので、詳しくは覚えていない。為家殿が亡くなってから、今年で早くも四年目である。

混乱の原因は、為家殿が一度は為氏殿に細川の庄を譲るという文書を書かれたのに、その後で内容を変更して(悔《く》い返《かえ》して)、我が子為相に譲るという文書を書かれた点にある。そのことは私も承知している。朝廷では「公家法《くげほう》」に則り、悔い返しを認めない。けれども、幕府の「武家法《ぶけほう》」では悔い返しを認めている。こちらが理に適《かな》っている。そして、私の希望もここにある。

取るに足らない私のような人間は、どうなってもよいと、達観している。けれども、歌の家の名門である為家殿との間に生まれ、為家殿から、「歌の家」の継承を委託された息子たちの未来を思うと、私の心は不安で満たされる。

『後撰和歌集』の歌で、『源氏物語』に何度も引歌《ひきうた》されている古歌がある。私が関わった御子左家は、「歌の家」であるだけでなく、「源氏学の家」でもあるのだ。

人《ひと》の親《おや》の心《こころ》は闇《やみ》にあらねども子《こ》を思《おも》ふ道《みち》に惑《まど》ひぬるかな（藤原兼輔《かねすけ》）

この歌のテーマである「子ゆえの闇」には、今の私が惑っている以上に、亡き為家殿も苦しんでおられた。何としても、為相たちには、御子左家が守り続けてきた「歌の家」を継いでほしいと願っておられたからである。私も、亡き為家殿の心を思うと、泣き寝入りしてばかりではいられない。

今の日本で、法律の亀鑑《きかん》（基準）となっているのは、鎌倉幕府である。都で追い詰められた私は、「そうは言っても、鎌倉の然《しか》るべき役所（問注所《もんちゅうじょ》）で裁判をしてもらえれば、為家殿の遺志が私たちの側にあるということを、はっきりと認めてもらえるのではないか」と思いついた。そうなると、その思いの強さと責任の重さが私を苦しめ、もはや若くはない私ではあるが、万難を排して鎌倉へと下る決心をした。

かつて、『伊勢物語』の在原業平《ありわらのなりひら》は、我が身を「要《よう》無《な》き者《もの》」（この世の中に、特に都では必要でない者）だと思い定めて、東下《あずまくだ》りの旅に出た。私もまた、亡き夫や、未来ある我が子たちと比べれば、「要無き者」である。だから、鎌倉に向かうのである。たとえ何年かかっても、何十年かかっても、もしかしたら私の生前には解決しなかったとしても、私たちの側に正義があることを、必ず証明してみせる。その旅立ちの日は、はからずも十六夜《いざよい》だった。「この十六夜の月に勇気づけられて、私は鎌倉へ向かおう」と、思い定めた。

【評】「何《なに》として、つれなく、今日《けふ》まで永《なが》ふるらむ」の「永《なが》ふるらむ」の部分は、「永《なが》ふらむ」という本文のほうが、解釈しやすい。「躊躇《いざよ》ふ月《つき》に、誘《さそ》はれ出《い》でなむ」の部分は、タイトルの『十六夜《いざよい》日記』と深く関わる。

阿仏尼は、為家との間に、「三人《みたり》の男子《をのこご》ども」を授かった。冷泉家を興す為相、その弟の為守の二人は、確定している。もう一人は、確証はないけれども、「II―8」に登場する「律師」ではないか、とされる。

「東《あづま》の亀《かめ》の鑑《かがみ》」という表現は、漢語の「亀鑑《きかん》」を、日本語に和《やわ》らげたものである。中世の「和歌文化＝源氏文化」が、和・漢・梵の立体化に特色があることは、「1」の［評］で、既に述べた。その言語面での実践の一例が、「亀《かめ》の鑑《かがみ》」である。「和歌の道」と「源氏文化」の危機を糺《ただ》すのは、為政者の義務ですらある。細川の庄の帰属問題は、鎌倉幕府が、真の意味での「亀鑑」たりうるのか、という問題提起でもあった。亀鑑であるためには、武力と経済力だけではなく、文化力が備わっていなければならない。神話から始まる文化は、いまだに鎌倉ではなく、都の公家世界の側にある。

ちなみに、為家の前妻は、鎌倉幕府の有力御家人の娘だったが、為家の父である定家も、鎌倉側の政治姿勢を貫いた。そのため、鎌倉幕府打倒を悲願とする後鳥羽院との関係は微妙だった。

4　旅立ちは冬だった

然《さ》りとて、文屋《ふんや》の康秀《やすひで》が誘《さそ》ふにもあらず、住《す》むべき国《くに》求《もと》むるにもあらず。頃《ころ》は、三冬《みふゆ》立《た》つ始《はじ》めの空《そら》なれば、降《ふ》りみ降《ふ》らずみ、時雨《しぐれ》も絶《た》えず。嵐《あらし》に競《きほ》ふ木《こ》の葉《は》さへ、涙《なみだ》と共《とも》に乱《みだ》れ散《ち》りつつ、事《こと》に触《ふ》れて心細《こころぼそ》く、悲《かな》しけれど、人遣《ひとや》りならぬ道《みち》なれば、行《い》き憂《う》しとて、留《とど》まるべきにもあらで、何《なに》と無《な》く、急《いそ》ぎ立《た》ちぬ。

［訳］　このようにして、私は東海道を鎌倉まで下る旅を決意したのである。とは言っても、小野小町《おののこまち》が文屋康秀《ふんやのやすひで》に、「侘《わ》びぬれば身《み》を浮草《うきくさ》の根《ね》を絶《た》えて誘《さそ》ふ水《みづ》あらば去《い》なむとぞ思《おも》ふ」と詠んだように、男の人から三河《みかわ》の国に同行しないかと誘われたわけではない。また、『伊勢物語』で、在原業平が都での生活を断念し、東《あずま》のどこかに「住《す》むべき国《くに》」を求めて東下りしたようなわけでもない。小町の場合には恋愛事情があるし、業平も二条の后（清和天皇女御である藤原高子《たかいこ》）との悲恋が旅立ちの原因だった。けれども、これまで述べてきたように、私の旅は、歌の道を守るためと、為家殿の子どもたちを守るためなのである。

孟冬《もうとう》（陰暦十月）・仲冬《ちゅうとう》（十一月）・季冬《きとう》（十二月）という三冬《さんとう》のうちの「孟冬」、つまり冬が始まる「十月＝神無月《かみなづき》」に、私は旅立つことになった。「神無月降《かみなづきふ》りみ降《ふ》らずみ定《さだ》めなき時雨《しぐれ》ぞ冬《ふゆ》の始《はじ》めなりける」（『後撰和歌集』）という古歌そのままに、冬の初めの空からは、降ったり止《や》んだりしながら、冷たい時雨が絶え間なく降り続いていた。

嵐が吹くと、枝に残っていた木の葉が先を争って、はらはらと散ってゆく。それと同じように、私の袖にも、涙がばらばらと零《こぼ》れ散る。何かと不安と悲哀ばかりが先に立つけれども、この旅は、自分の強い覚悟から思い立ったものである。誰かに強制されて旅立つのではなく、自らの意思で思い立ったからには、旅に出るのが辛《つら》いとか悲しいなどの口実で、旅立ちを中止することはできない。何かと、私の心は揺れ動くのだが、既に旅の流れはできあがっている。その流れに思い切って身を任せ、慌しく旅に出ることにした。

［評］　鎌倉への旅立ちは、「頃《ころ》は、三冬立《みふゆた》つ始《はじ》めの空《そら》なれば」とある。この「みふゆ」は、「三冬《さんとう》」の意味の「三冬《みふゆ》」なのか、それとも「冬」の上に接頭語の「御《み》（または美《み》）」が付いた「御冬《みふゆ》」なのか。『十六夜日記』冒頭の『古文孝経』への言及や、「亀鑑《きかん》」を和《やわ》らげて「亀《かめ》の鑑《かがみ》」と表現したことなどを考え合わせれば、

「三冬」ではなかろうか。阿仏尼は、かつて『うたたね』で『源氏物語』の文体と語彙を駆使したけれども、『十六夜日記』では、和語と漢語の立体化を試みているようだ。都の貴族文化と、鎌倉の武家文化の立体化でもある。

また、「頃《ころ》は、三冬《みふゆ》立《た》つ始《はじ》めの空《そら》なれば」の「空なれば」の箇所は、「群書類従」では、「定《さだ》め無《な》き空《そら》なれば」とある。この本文によれば、阿仏尼が引用している「神無月《かみなづき》降《ふ》りみ降《ふ》らずみ定《さだ》めなき時雨《しぐれ》ぞ冬《ふゆ》の始《はじ》めなりける」という歌が、さらにいっそう強調される。

「行《い》き憂《う》しとて、留《とど》まるべきにもあらで」の部分には、『古今和歌集』の「人《ひと》遣《や》りの道《みち》ならなくに大方《おほかた》は行《い》き憂《う》しと言《い》ひていざ帰《かへ》りなむ」を引用している。この歌は、自分の都合で旅に出かける人の立場で詠まれている。阿仏尼の場合には、物見遊山《ものみゆさん》のためではなく、自分個人の所有欲のためでもなく、日本文学の正統を守るための、止《や》むに止《や》まれぬ旅立ちである。

なお、このあたりの文章は、『源氏物語』橋姫《はしひめ》の巻で、薫が宇治を訪れる場面を強く連想させるものがある。

入《い》り持《も》て行《ゆ》くままに、霧《き》り塞《ふた》がりて、道《みち》も見《み》えぬ繁木《しげき》の中《なか》を分《わ》け給《たま》ふに、いと荒《あら》ましき風《かぜ》の競《きほ》ひに、ほろほろと落《お》ち乱《みだ》るる木《こ》の葉《は》の露《つゆ》の散《ち》り掛《か》かるも、いと冷《ひや》やかに、人遣《ひとや》りならず、いたく濡《ぬ》れ給《たま》ひぬ。斯《か》かる歩《あり》きなども、をさをさ慣《な》らひ給《たま》はぬ心地《ここち》に、心細《こころぼそ》く、をかしく思《おぼ》されけり。

ここに「人遣《ひとや》りならず」とある。阿仏尼の念頭には、『古今和歌集』の「人遣《ひとや》りの道《みち》ならなくに」という歌と、『源氏物語』の「人遣《ひとや》りならず、いたく濡《ぬ》れ給《たま》ひぬ」とが、一つに融け合っていたのだろう。

阿仏尼の旅立ちは、「人遣《ひとや》り」ならぬ、自分の強い意志に基づいていた。在原業平の「東下り」は、「身《み》を要無《えうな》き者《もの》に思《おも》ひ成《な》して」という、消極的な動機だった。光源氏の須磨退去も、右大臣と弘徽殿《こきでん》の后《きさき》一派に圧迫されての決断だった。それらと比べると、阿仏尼の旅立ちの動機の積極性・能動性が際立《きわだ》つ。

阿仏尼は、戦う意思を強く持っている。日本文化の本質である「平和」と「調和」の「和」の精神を、戦い取る覚悟が、この「I」で語られている。「歌論」あるいは「文化論」として、この「I」を独立させて、「II」と区別するゆえんである。

Ⅱ　惜別の賦《ふ》

5　亡き夫の枕

目《め》離《か》れせざりつる程《ほど》だに、荒《あ》れ増《ま》さりつる庭《には》も、籬《まがき》も、「増《ま》して」と見回《みまは》されて、慕《した》はし気《げ》なる人々《ひとびと》の袖《そで》の雫《しづく》も、慰《なぐさ》め兼《か》ねたる中《なか》にも、侍従《じじゆう》の、大夫《たいふ》などの、強《あなが》ちに、打《う》ち屈《くつ》したる様《さま》、いと心苦《こころぐる》しければ、様々《さまざま》言《い》ひ拵《こしら》へ、閨《ねや》の中《うち》見《み》れば、昔《むかし》の枕《まくら》の、宛《さなが》ら変《か》はらぬを、見《み》るも、今更《いまさら》悲《かな》しくて、傍《かたは》らに書《か》き付《つ》く。

（阿仏）留《とど》め置《お》く旧《ふる》き枕《まくら》の塵《ちり》をだに我《われ》立《た》ち去《さ》らば誰《たれ》か払《はら》はむ

［訳］　私はこれまで、都の屋敷を留守にすることなく、ずっとここで暮らしてきた。長

い旅に出ていた人が、数年後、久しぶりに都の我が家に戻ってみると、庭が荒れ果てて見えることが、『土佐日記』などには書かれている。けれども、私は毎日、この家で暮らし、毎日、庭も眺め、それなりの手入れもしてきた。それなのに、いざ、これから旅に出るので、暫くは見られないだろう、もしかしたらこれが今生の見納めになるかもしれない、などと思って、しみじみと庭を眺めていると、早くも、かなり荒れ果てている事実に気づき、愕然《がくぜん》となった。

庭の木草《きぐさ》も、籬《まがき》（垣根）も、今でさえ荒れているのだから、私が鎌倉に長く滞在することになれば、どれほど荒れ放題になることかと、心許《こころもと》なくなる。

亡夫為家殿の祖父である俊成卿には、「荒《あ》れ渡《わた》る秋《あき》の庭《には》こそ哀《あは》れなれ増《ま》して消《き》えなむ露《つゆ》の夕暮《ゆふぐれ》」（『新古今和歌集』）という秀歌がある。もしも、自分の命が失われたら、この荒れた庭はどうなってしまうのだろうか、という嘆きである。『源氏物語』の光る君も、まだ十八歳の紫の上を都に残して須磨に旅立つ際に、庭を見ながら、これからこの庭も、紫の上も、どうなってしまうのだろうかと嘆いた、と書かれている。「源氏見ざる歌詠《うたよ》みは遺《い》恨《こん》のことなり」と喝破《かっぱ》された俊成卿は、この須磨の巻を意識して、「荒《あ》れ渡《わた》る秋《あき》の庭《には》こそ哀《あは》れなれ増《ま》して消《き》えなむ露《つゆ》の夕暮《ゆふぐれ》」という歌を詠まれたのだろう。

私にも、都に残しておくのが心配な、愛する者たちがいる。でも、悲しいのは、旅立つ私だけではない。後《あと》に残る側も、辛《つら》いはずだ。彼らは、いつ都に戻って来《こ》られるのかわからない私との別れを悲しんで、涙の雫で袖を濡らしている。それを慰める言葉もない。中でも、侍従《じじゅう》（我が子・為相《ためすけ》、十七歳）が、そして、大夫《たゆう》（我が子・為守《ためもり》、十五歳）たちもが、ここまで絶望するものかと心配になるほど落ち込んでいるようすを見ると、母親としては胸を締め付けられて、切ない。

この子らを守るために、私は鎌倉へ旅立つ。だから、別れは、必然であり、大いなる喜びの序章である。このことを、彼らにも理解できる言葉で言い知らせ、彼らの気を少しでも落ち着けさせた。

その後で、私の寝室に戻ると、亡き夫である為家殿が使っておられた枕が、生前と同じように置かれているのが、目に入った。為家殿が亡くなったのは、四年前。たった四年しか経《た》っていないのに、今までに、さまざまな出来事があり、私と子どもたちは圧迫されてしまった。亡き為家殿は、あの世で、どう思っておられるだろうか。

『源氏物語』の葵《あおい》の巻には、亡き妻である葵の上を偲《しの》んで、光る君が、「旧《ふる》き枕《まくら》、故《ふる》き衾《ふすま》、誰《たれ》と共《とも》にか」と書き記す場面がある。これは、『長恨歌』の玄宗皇帝が亡き楊貴妃を偲ぶ場面に、「旧枕故衾誰与共」とあることの引用である。
私の場合には『長恨歌』とは逆で、亡くなった夫を、生き残った妻が、枕を見ながら偲んでいる。男女の違いはあれ、亡き人の形見の品ほど、見るに悲しいものはない。光る君に倣《なら》って、私も亡き夫を偲ぶ歌を書き付けた。私が旅に出た後も、残った子どもたちは、彼らから見たら父親の枕と、母親の残した歌を見て、両親を思い出してくれるだろうか。

（阿仏）留《とど》め置《お》く旧《ふる》き枕《まくら》の塵《ちり》をだに我《われ》立《た》ち去《さ》らば誰《たれ》か払《はら》はむ

（私が、亡き夫の使っていた枕を見ながら、どんなに慕っていても、これから出る旅に、この枕を持ってゆくことはできない。これまでは、枕の上に積もった塵《ちり》は、妻である私が払って、綺麗にしていた。これからは、誰が、その役目を果たすのだろうか。それが心残りである。亡き為家殿が「歌の道」の未来を託した我が子たちよ、枕の塵を払いながら「孝」の真心を示し、お父上のことを忘れずに、ひたすら歌の道に精進してほしい。そうすれば、為家殿の心の曇りも、払われることだろう。）

［評］　ここから、「旅に伴う別離」に際して詠むべき「別れの歌」の見本集になる。自分が、身近な人たちと詠み交わした歌を、後世の人々への「離別歌」

の見本・手本とするのだ。

源氏学の「家元＝本家」である御子左家であるから、この場面にも『源氏物語』との関わりが揺曳《ようえい》する。［訳］に盛り込んだように、藤原俊成と須磨の巻の関係は、阿仏尼も意識していたことだろう。また、光源氏が亡き妻の葵の上を偲ぶ葵の巻の場面を、亡夫為家を偲ぶ自分自身の姿に重ね合わせている。

実際の旅立ちの前に、別れを惜しむ和歌の贈答を書き記すのは、『源氏物語』須磨の巻の手法である。この巻では、須磨退去を前に、光源氏が別離を惜しんだ人々が列挙されている。のべ八箇所で、光源氏は「離別」の悲しみを訴えた。

① 左大臣（亡き葵の上を思う）・夕霧の乳母《めのと》・三位中将（頭中将）・大宮（和歌の贈答あり）

② 紫の上（和歌の贈答あり）

③ 花散里（和歌の贈答あり）

④ 朧月夜（和歌の贈答あり）

⑤ 藤壺（和歌の贈答あり）

⑥ 故桐壺院の墓（光源氏の歌あり）

⑦　東宮（冷泉帝）の女房（和歌の贈答あり）

⑧　紫の上（和歌の贈答あり）

これらの場面を念頭に、『十六夜日記』は、「Ⅱ　惜別の賦」を紡ぎ上げてゆく。そう言えば、「Ⅰ」の評論部分では、「和歌文化」がテーマであったものの、和歌そのものは詠まれていなかった。この「Ⅱ」から、本格的に和歌による場面構成が図られる。

6　為相《ためすけ》との別れ

代々《よよ》に書《か》き置《お》かれける歌《うた》の草子《さうし》どもの、奥書《おくがき》などして、徒《あだ》ならぬ限《かぎ》りを、選《え》り認《したた》めて、侍従《じじゆう》の方《かた》へ送《おく》るとて、書《か》き添《そ》へたる歌《うた》、

（阿仏）和歌《わか》の浦《うら》に書《か》き《掻き》留《とど》めたる藻塩草《もしほぐさ》此《これ》を昔《むかし》の形見《かたみ》《潟見（かたみ）》とも見《み》よ

（阿仏）あな畏横浪《かしこよこなみ》掛《か》くる浜千鳥《はまちどり》一方《ひとかた》《潟》ならぬ跡《あと》を思《おも》はば

此《これ》を見《み》て、侍従《じじゅう》の返《かへ》り事《ごと》、いと疾《と》く有《あ》り。

（為相《ためすけ》）遂《つひ》によも徒《あだ》にはならじ藻塩草《もしほぐさ》形見《かたみ》《潟見》を三代《みよ》《見よ》の跡《あと》に残《のこ》さば

（為相）迷《まよ》はまし教《をし》へざりせば浜千鳥《はまちどり》一方《ひとかた》《潟》ならぬ跡《あと》を其《そ》れとも

此《こ》の返《かへ》り事《ごと》、いと大人《おとな》しければ、心安《こころやす》く、哀《あは》れなるにも、昔《むかし》の人《ひと》に聞《き》かせ奉《たてまつ》りたくて、

又《また》、打《う》ち萎《しを》れぬ。

［訳］亡き為家殿の遺された和歌に関する蔵書群は、祖父の俊成卿と、父の定家卿以来の三代にわたり、「和歌の道」の真理を追い求めてこられた成果である。それらの蔵書の中で、巻末に書き記されている「奥書《おくがき》」から考えて、来歴が由緒正しいと考えられる写本類を厳選して、その一式をまとめて、我が子・為相のもとに送ることにした。これらの歌書が、これからの為相が興《おこ》すであろう「歌の家——冷泉家《れいぜいけ》」の礎《いしずえ》となることだろう。

送り届ける際に、私が書き添えた歌が、二首ある。

（阿仏）和歌《わか》の浦《うら》に書《か》き《掻き》留《とど》めたる藻塩草《もしほぐさ》此《これ》を昔《むかし》の形見《かたみ》《潟見(かたみ)》とも見《み》よ

（紀伊《き》の国の和歌の浦では、海人《あま》たちが、藻塩草《もしおぐさ》（海藻《かいそう》）を掻《か》き集めて塩を作り、生計を

立てています。その和歌の浦には、和歌の神様である玉津島明神《たまつしまみょうじん》（衣通姫《そとおりひめ》）が鎮座《ちんざ》まして、悠久《ゆうきゅう》の和歌の道を守っておられます。海人たちが掻き集めるのは「草」ですが、和歌についての「草子《そうし》」（書物）を、あなたたちの偉大なる先祖である俊成卿・定家卿、そしてあなたたちの父親である為家殿は、ひたすら書き集めて収集に努めてこられました。これからの和歌の道の発展の基礎となる貴重な書物群です。あなたたちは、これらの書物を、自分たちの血のつながった偉大な祖先の方々が遺してくれた貴重な家宝だと思い、父祖の御恩を噛《か》みしめながら繙《ひもと》いて、学ぶのですよ。）

（阿仏）あな畏《かしこ》横浪《よこなみ》掛《か》くる浜千鳥《はまちどり》一方《ひとかた》《潟》ならぬ跡《あと》を思《おも》はば

（これらの貴重な書物を手に取ると、ああ、ありがたい、という感謝の気持ちが湧いてきます。今、私たち親子は、藤原（二条）為氏《ためうじ》殿から非道な横槍が入って、苦しい立場に置かれています。和歌の浦の浜辺では、横波が押し寄せると、干潟《ひがた》に付いた浜千鳥の足形が、すべて洗い流されて消えてしまいます。けれども、俊成卿以来の「和歌の道」の先達《せんだつ》が、子孫のために並々ならぬ思いを込めて書き残された書物群への感謝の気持ちを持てば、何としても、これらの書物で説かれている和歌の道を消してはならない、是《ぜ》が非《ひ》でも受け継がなければならない、という決意が強くなることでしょう。横波に負けてはなりません。なお、中国では、鳥の歩いた後にできる足形から、「文字＝漢字」が発明されたという伝説があるのですよ。和歌にも詠まれる伝説ですから、覚えておきなさい。）

私の二首に対して、為相も二首、和歌を返してきた。私の歌の趣向をよく理解できているし、時間もかけずに、すぐに返歌したので、母親としては安心した。

（為相《ためすけ》）遂《つひ》にはよも徒《あだ》にはならじ藻塩草《もしほぐさ》形見《かたみ》《潟見》を三代《みよ》《見よ》の跡《あと》に残《のこ》さば

（母上、ご安心ください。俊成卿、定家卿、そして亡き父上の三代で築き上げてこられた御子左家の和歌の道は、これから私たち兄弟がしっかりと受け継ぐ覚悟です。母上が、「これらの書物を見なさい」と言って贈ってくださった、偉大なる父祖が書き残された和歌の書物を、その方々の形見だと思い、心して拝読し、歌の道に精進いたします。母上が鎌倉まで下って、二条為氏殿の横波から私たちを守ってくださるそのお気持ちを、裏切ることはありません。和歌の浦の干潟に付いている浜千鳥の足跡を、横暴な波で消滅させることはいたしません。）

私の歌に掛詞《かけことば》が二箇所あったので、為相も掛詞を二箇所で用いている。さすが為家殿と私の間に生まれた子どもだけのことはある。

為相のもう一首。

（為相）迷《まよ》はまし教《をし》へざりせば浜千鳥《はまちどり》一方《ひとかた》《潟》ならぬ跡《あと》を其《そ》れとも

（浜千鳥は、あちこち、ふらふらと、道を迷ったかのように、干潟を千鳥足で歩くと聞いています。私と為守は、母上の教えがなければ、俊成卿から始まる三代の和歌の家を守ることができません。どれほど父祖の業績が偉大であっても、どこが、どれくらい優れておられたのか、このたび母上から贈っていただいた書物群を絶えず繙《ひもと》きながら、学び続けます。迷わずに、歌の道に精進いたします。）

私の歌の言葉を巧みに取り入れながら、一廉《ひとかど》の歌人のように、大人《おとな》びて詠んでいる。これなら、都に残しても大丈夫だろうと、安堵《あんど》した。よくぞここまで成長してくれた、と胸が一杯になるにつけても、今は亡き為家殿に、「あなたの息子は、まだ十七歳なのに、これほどの歌が詠めるようになりましたよ。心がけも、殊勝ですね」とお話し申し上げたくなった。だが、それは適《かな》わぬことなので、またしても涙が零《こぼ》れてきて、海人《あま》の袖のようにびっしょり濡れそぼってしまった。

［評］　贈答歌は、相手を意識してのやりとりなので、話し言葉、つまり、会話調で訳した。それに対して、個人の思いを詠む独詠歌は、「だ・である」で訳

すことを基本にする。それが本書の方針である。

阿仏尼の「あな畏《かしこ》横浪掛《よこなみか》くる浜千鳥《はまちどり》一方《ひとかた》ならぬ跡《あと》を思《おも》はば」という歌の「横《よこ》浪掛《なみか》くる」を、「横浪掛《よこなみか》くな」とする写本がある。意味がかなり違ってしまう。意味を明解にしようとするならば、「横浪掛《よこなみか》くな」（横から妨害をしてはいけませんよ）という禁止の「な」のほうが、解釈がしやすい。だが、本書では、「扶桑拾葉集」の本文で一貫して解釈している。

また、末尾の「打《う》ち萎《しを》れぬ」も、「打《う》ち潮垂《しほた》れぬ」「打《う》ち時雨《しぐ》れぬ」「打《う》ち臥《ふ》しぬ」などとする写本がある。「萎る」は「しをる」「しほる」という、二つの仮名づかいがある。「泣く」を意味する「打《う》ち潮垂《しほた》れぬ」が最も王朝物語的であるから、本来の形だったかもしれない。「た」が脱落して「うちしほれぬ」、または「うちしをれぬ」となったのであろう。そのことは承知のうえで、「扶桑拾葉集」の本文通りに解釈を試みる。

なお、為家の子の源承《げんしょう》が著した『源承和歌口伝《くでん》』には、為家が為氏の不孝をなじり、それに乗じて阿仏尼が和歌の写本類を運び出した、と批判している。

7　為守《ためもり》との別れ

大夫《たいふ》の、傍《かたは》ら去《さ》らず、慣《な》れ来《き》つるを、振《ふ》り捨《す》てられなむ名残《なごり》、強《あなが》ちに思《おも》ひ知《し》りて、手《て》習《ならひ》したるを、見《み》れば、

(為守)遥々《はるばる》と行《ゆ》く先遠《さきとほ》く慕《した》はれて如何《いか》に其方《そなた》の空《そら》を眺《なが》めむ

と書《か》き付《つ》けたる、物《もの》より異《こと》に、哀《あは》れにて、同《おな》じ紙《かみ》に書《か》き添《そ》へつ。

(阿仏)熟々《つくづく》と空《そら》な眺《なが》めそ恋《こひ》しくは道遠《みちとほ》くとも早《は》や帰《かへ》り来《こ》む

とぞ慰《なぐさ》むる。

［訳］　為守《ためもり》は、まだ十五歳。兄の為相は既に独立して別の家で暮らしているが、為守は生まれてからずっと、母親である私と一緒に暮らしている。今回、初めて私と離れて生活することになる。しかも、私がいつ、都に戻ってこられるかは、鎌倉で起こす訴訟の進《しん》捗《ちょく》次第なので、はっきりとはわからない。数年、いや数十年は先になるだろう。生きて

いるうちに、戻って来られない可能性だってある。
だから、為守は、私から見捨てられたという寂しさを感じるかもしれない。いや、既に、それを予感しているようだ。彼の部屋を覗いてみると、紙が広げられていて、覗き込んでみたら、和歌が一首、書かれていた。自分の今の思いを、誰に告げるというわけではなく、「手習《てならい》」のような形で率直に吐露したのだろう。

（為守）遙々《はるばる》と行《ゆ》く先遠《さきとほ》く慕《した》はれて如何《いか》に其方《そなた》の空《そら》を眺《なが》めむ

（母上が向かわれる鎌倉は、遠い東方にあると聞いている。旅の途中は、今頃は、どこの空の下にいらっしゃるだろうか、鎌倉到着後は、今頃は、何をしておられるだろうかと、いつも母上のことを思いながら、東の空を眺めることにしよう。）

この歌は、どこか、恋人の訪れを待つ恋歌の趣がある。そこまで深く、私を慕ってくれているのかと思うと、彼を一人にしておくことがひどく可哀想《かわいそう》でならない。為守が手習の歌を書き付けていた横に、私からの返歌を添え書きしておいた。

（阿仏）熟々《つくづく》と空《そら》な眺《なが》めそ恋《こひ》しくは道遠《みちとほ》くとも早《は》や帰《かへ》り来《こ》む

（いつまでも空を眺めているのは、無駄ですよ。和泉式部という王朝の歌人に、「徒然《つれづれ》と空《そら》ぞ見《み》らるる思《おも》ふ人天下《ひとあまくだ》り来《こ》むものならなくに」という歌があります。どんなに空を眺めていても、待っている人が空から下《お》りてきて、目の前に姿を現すことはないのですよ。あなたが母親の私を恋しいと思っているのは、よくわかっていますから、私もなるべく早く都に戻ってこられるようにしますからね。それまでは、歌の勉強をしながら、待っていなさい。）

こう書いて、幼い為守を慰めたのだった。

【評】 為守の歌の「慕《した》はれて」の「れ」は自発の助動詞である。『古今和歌集』の「慕《した》はれて来《き》にし心《こころ》の身《み》にし有《あ》れば帰《かへ》る様《さま》には道《みち》も知《し》られず」（藤原兼茂《かねもち》）を踏まえる。やはり、離別の歌である。

為守は、この歌を意識して、自分の「身《み》＝身体」は都に留まったとしても、自分の「心＝魂」は母親である阿仏と一緒に鎌倉までに同行したい、と歌っている。切実な「母恋《ははこ》い」の歌であり、読者の心を強く打つ。なお、為守の父・為家の歌にも、「幾返《いくかへ》り知《し》られぬ中《なか》に慕《した》はれて来《き》にし心《こころ》の身《み》に砕《くだ》くらむ」という恋歌がある。

阿仏の返歌の「早《は》や帰《かへ》り来《こ》む」の部分は、『古今和歌集』の「立《た》ち別《わか》れ因幡《いなば》《去(い)なば》の山《やま》の峰《みね》に生《お》ふる松《まつ》《待つ》とし聞《き》かば今帰《いまかへ》り来《こ》む」（在原行平）などを踏まえている。阿仏は、「今帰り来む」と歌いたいのは山々なのだが、長い滞在になることは確実なので、「今」とは言えなかった。「早《は》や帰《かへ》り来《こ》む」、少しでも早く帰京したいと歌うのが、精一杯の息子への誠実さだった。

8 出家している二人の息子の和歌

山《やま》より、侍従《じじゆう》の兄《あに》の律師《りし》も、「出《い》で発《た》ち、見《み》む」とて、御座《おは》したり。其《そ》れも、（律師）「いと心細《こころぼそ》し」と思《おも》ひたるを、此《こ》の手習《てならひ》どもを見《み》て、又《また》、書《か》き添《そ》へたり。

（律師）徒《あだ》にのみ涙《なみだ》は掛《か》けじ旅衣《たびごろも》心《こころ》の行《ゆ》き《裄（ゆき）》て立《た》ち《裁ち》帰《かへ》る程《ほど》

とは、事忌《ことい》みしながら、涙《なみだ》の零《こぼ》るるを、荒《あら》らかに、物言《ものい》ひ紛《まぎ》らはすも、様々《さまざま》哀《あは》れなるを、阿闍梨《あざり》の君《きみ》は山伏《やまぶし》にて、此《こ》の人《ひと》よりは兄《あに》なり。（阿闍梨）「此《こ》の度《たび》の道《みち》の導《しるべ》に送《おく》り奉《たてまつ》らむ」とて、出《い》で発《た》たるめるを、（阿闍梨）「此《こ》の手習《てならひ》に、又《また》、交《ま》じらはざらむやは」とて、書《か》き付《つ》く。

（阿闍梨）発《た》ち《裁ち》添《そ》ふも嬉《うれ》しかりける旅衣《たびごろも》互《かた》み《肩身・片身》に頼《たの》む親《おや》の護《まも》りは

【訳】私と為家殿との間に生まれた男の子としては、「歌の道」を継ぐべき為相・為守のほかに、彼らの兄に当たる子もいた。出家して、比叡山にいる。現在は、僧正《そうじょう》、僧都《そうず》に次ぐ「律師《りし》」（リッシ、とも）という僧位である。

その律師も、「母者《ははじゃ》の旅立ちを、お見送りしたい」ということで、山から下りてきてくれた。その律師は、既に成人しているのだが、幼い為守と同じように、「母者と長く会えないのは、寂しい」と思っている。彼は、為守の手習と、それに対する私の返歌を見つけるや、その余白に、自分の歌を書き付けた。これは、「手習」というよりは、明らかに、私に宛《あ》てた贈歌である。

（律師）徒《あだ》にのみ涙《なみだ》は掛《か》けじ旅衣《たびごろも》心《こころ》の行《ゆ》き《裄(ゆき)》て立《た》ち《裁ち》帰《かへ》る程《ほど》

（私も、為守殿と同様、母者との別れが悲しくてたまりません。泣きたい気持ちは山々ですが、大きな目的があって鎌倉に向かわれる母者の旅の衣裳に、私の涙を注いで苦しめることはいたしません。母者が旅立ちに際して、新たに裁縫される旅衣《たびごろも》は「裄《ゆき》」（背中から袖口までの長さ）が大切ですが、母者が鎌倉で裁判に勝たれて、心が「行《ゆ》き」（満足して）、都にお戻りになる日まで、私は涙をこらえております。）

律師は、こう歌って、旅立ちに際して不吉な涙を見せないようにと堪《こら》えていたのだが、それでも涙があふれてきてしまった。それを誤魔化《ごまか》そうとして、大きな声でぶっきらぼうな声でものを言っているのが、かえって私の胸に迫った。為相と言い、為守と言い、律師と言い、良い男の子を三人も為家殿から授かったと思うと、感無量である。

その場に、もう一人、出家した息子がいた。阿闍梨《あざり》である。加持祈禱《かじきとう》をする修験者《しゅげんじゃ》である。この阿闍梨は、私と為家殿との間に生まれたのではなく、私の前の恋人との間に生まれた子である。だから、律師よりも、さらに年長である。阿闍梨は、「今度の母者《ははじゃ》の旅には、私が先導者となって、鎌倉までお送りしよう」と決心して、一緒に旅立ってくれるようである。

その阿闍梨は、「自分は、父親こそ違ってはいるが、母者の子どもである点は、同じなので、為守殿や律師殿の手習に、自分もまた、どうして加わらないでいられましょうや」と言って、既に三首の和歌が書き付けられている紙の余白に、さらに一首を書き添えた。

（阿闍梨）発《た》ち《裁ち》添《そ》ふも嬉《うれ》しかりける旅衣《たびごろもかた》《肩身・片身》互みに頼《たの》む親《おや》の護《まも》りは

（母者が旅の衣裳を新調されるのと一緒に、私の旅衣も新調できるのは、嬉しいことです。新しい旅衣を着て、母者のお供をして東海道の旅に同行できるのが、嬉しくてたまりません。旅衣は「肩身《かたみ》」（肩と身）に掛けるものですし、「片身《かたみ》ごろ」という裁縫用語もあります。「互《かた》みに」（母と子が互いに）信頼し合っている私たち親子の契りを、本当に嬉しく思います。これまでは、母者が愚僧を護《まも》ってくださいましたが、今度は私が母者をお護りします。こういう親孝行ができて、嬉しいです。）

［評］　この「律師」について、『十六夜日記残月鈔《ざんげつしょう》』では「源承《げんしょう》」とするが、現在では「定覚《じょうかく》」（じょうがく、とも）とする説が有力である。源承は阿仏尼に対して批判的だから、源承説は成り立たない。『源承和歌口伝』で、阿仏尼が為家と暮らすようになってから生まれた定覚を、源承は「誰《たれ》が子《こ》やらむ」と揶揄して、定覚の父は為家ではないと言いたげである。

また、「阿闍梨」は、阿仏と為家との間に生まれた子ではない。これまでは「未詳」とされてきたが、拙著『新訳　うたたね』において、若き日の阿仏と、さる貴顕の男性との悲恋に際して、「懐妊と出産」があったのではないかという仮説を提示した。あるいは、その時の子が、この「阿闍梨」だと考えることも許されようか。

阿闍梨の歌の第五句「親《おや》の護《まも》りは」の部分は、表現的には、「たらちねの親《おや》の護《まも》りと相添《あひそ》ふる心許《こころばか》りは関《せき》な留《とど》めそ」（『古今和歌集』、小野千古《ちふる》の母）と似ているが、これは母が子を護るという、常套的なモチーフの歌である。『十六夜日記』の「親《おや》の護《まも》り」は逆に、子が親を護るというモチーフである。これまで一方的に親の護りを受けてきた子が、やっと親を護る側になれて、親孝行をすることができる。『十六夜日記』の「Ⅰ」の書き出しが、『古文孝経』であったことが、ここで思い合わされよう。

なお、本文の問題では、「律師《りし》も」を「折《をり》しも」とする写本がある。「りしも」の上に「を」が加われば「をりしも」となるし、「をりしも」の「を」が脱落すれば「りしも」となる。「折《をり》しも」だと「律師」が消え、「阿闍梨」だけとなり、場面構成（和歌の配列）が乱れてしまう。

また、「交《ま》じらはざらむやは＝まじらはざらむやは」を、「まじはらざらむやは」とする写本もある。「交《ま》じらはざらむやは」のほうが、古文らしいと思われる。

9　娘《むすめ》との別《わか》れ

女子《をんなご》は、数多《あまた》も無《な》し。唯《ただ》、一人《ひとり》にて、此《こ》の頃《ごろ》、近《ちか》き程《ほど》の女院《にようゐん》に、候《さぶら》ひ給《たま》ふ。院《ゐん》の姫宮《ひめみや》、一所《ひとところ》生《う》まれ給《たま》ふ許《ばか》りにて、心遣《こころづか》ひも、真《まこと》しき様《さま》にて、大人《おとな》しく御座《おは》すれば、宮《みや》の御方《おんかた》の恋《こひ》しさも、予《かね》て申《まう》し置《お》く序《つい》でに、侍従《じじゆう》・大夫《たいふ》などの事《こと》、育《はぐく》み御座《おは》すべき由《よし》も、細《こま》かに書《か》き付《つ》けて、奥《おく》に、

（阿仏）君《きみ》をこそ朝日《あさひ》と頼《たの》め故郷《ふるさと》に残《のこ》る撫子《なでしこ》《子》霜《しも》に枯《か》らすな

と聞《き》こえたれば、御返《おんかへ》りも細《こま》やかに、いと哀《あは》れに書《か》きて、歌《うた》の返《かへ》しには、

（娘）思《おも》ひ置《お》く心留《こころとど》めば故郷《ふるさと》の霜《しも》にも枯《か》れじ大和撫子《やまとなでしこ》《子》

とぞ有《あ》る。

三《み》つの子《こ》どもの歌《うた》、残《のこ》る無《な》く書《か》き続《つづ》けぬるも、且《か》つは、いと烏滸《をこ》がましけれど、親《おや》の心《こころ》には、哀《あは》れに覚《おぼ》ゆるままに、書《か》き集《あつ》めたり。

［訳］ これまで、為相、為守、律師、阿闍梨と、男の子たちとの「惜別の賦《ふ》」を書き綴ってきたが、女の子は多くない。と言うか、一人だけである。ここ数年は、私が今住んでいる家の近くのお屋敷にお住まいの東二条院様《ひがしにじょういん》（後深草院の皇后）に、女房としてお仕えしている。この娘も、為家殿との間の子ではない。

幸運な巡り合わせで、この娘は、後深草院の寵《ちょう》を受けた。そして、姫宮がお一人、そのお腹《なか》からお生まれになったばかりだった。この娘は、私たち一族の期待の星である。為相や為守の将来も、彼女の引き立てに頼るところが大きいだろう。この娘は、母親である私の目から見ても、思慮分別に富んでいて、実直であり、冷静で、落ち着いた性格でいらっしゃる。わが娘ではあるが、院の姫宮の母親となられたので、敬語を用いて書くことにする。

彼女にも、旅立つ前に、お別れの手紙を書いた。「畏《おそ》れ多いことではありますが、お生まれになったばかりの姫宮は、私から見たら孫に当たられます。私が鎌倉への旅に出ましたら、もう姫宮とはお目にかかれなくなりますので、いっそう恋しさが募ることでしょう」、と書いた。

そのついでに、と言っても、これが手紙を書いた最大の目的なのだが、彼女から見たら弟に当たる為相と為守のことを、よくよく気に掛けて、立派な宮廷人に成長させていただきたいというお願いを、細々《こまごま》と書き加えた。

そして、手紙の終わりに、歌を記した。

(阿仏)君《きみ》をこそ朝日《あさひ》と頼《たの》め故郷《ふるさと》に残《のこ》る撫子《なでしこ》霜《しも》に枯《か》らすな

(今は、初冬の十月。これからは、日ごと寒さが厳しくなります。我が家の庭には、秋の名残の撫子《なでしこ》が植えてあるのですが、寒くなれば朝の霜で枯れてしまうのではないかと心配です。私は、都に為相や為守という、未熟な子どもたちを残して、遠くへの旅に出ます。これまでは、いつも撫でて慈しんでいたのに、これからは、永いこと面倒を見てあげられません。為氏殿あたりから、意地悪な仕打ちがあるやもしれません。そこで、あなたにお願いします。あなたは朝日のような光で、つまり神様のようなお力で、弟たちを見守り、冷たい霜が降《お》りたら、あたたかい朝の光で霜を解かしてあげてくださいませ。

くれぐれも、よろしくお願いしますね。)

このように申し上げたところ、娘からは、何一つ行き届かないところのない、心の籠《こ》もったお返事があった。私の歌に対する返歌も、添えてあった。

(娘)思《おも》ひ置《お》く心留《こころとど》めば故郷《ふるさと》の霜《しも》にも枯《か》れじ大和撫子《やまとなでしこ》

(もちろん、父親こそ違いますけれども、二人の弟たちのことは、私も心して見守ります。けれども、冷たい霜を解かすのは、私ではありません。私は、朝日でも、女神でもないからです。母上こそが、女神様です。母上が、子どもたちを撫でるように慈しむ、深くて熱い愛情が、旅発《たびだ》たれた後も、都の屋敷には残っていることでしょう。その母心を、弟たちも忘れることはないでしょう。そうすれば、霜もおのずと消えてしまいます。何も心配なさいますな。)

このように、子どもたちとの別れの歌を、臆面も無く、三人とも書き記したのは、恥ずかしいし、親馬鹿の見本のようだ。今、「三人」と書いたのは、「別れの歌」を書き記すべき為相と為守のほかに、律師・阿闍梨・娘の三人の歌を書き添えた、という意味である。為相と為守を合わせたら、「五人」となる。

為家殿との死別も、悲しかったが、子どもたちとの今回の「生き別れ」もまた、悲しいことだった。生き別れによって、かえって親子の絆《きずな》の強さを痛感するというのが、人の世のあやにくさである。我が子たちとの「惜別の賦」を、親子の絆の証として、ここに、すべて書き記しておく次第である。

［評］　ここに、阿仏の娘が、後深草院の姫宮を生んだとあるが、その姫宮について、記録類から判明することは皆無である。夭折したのだろうか、と推測するしかない。

姫宮の母については、阿仏の著作かと見られる『庭の訓《にわのおしえ》』（『乳母の文《めのとのふみ》』）の宛先《あてさき》である、「紀伊内侍《きのないし》」（紀内侍）ではないか、とされている。

阿仏尼は若い頃に安嘉門院の屋敷を出て、奈良の法華寺《ほっけじ》という尼寺で過ごしたことがあった。その尼寺を出て松尾の慶政《けいせい》上人のもとへ移るのだが、尼寺を去った原因として、この時に紀伊内侍を懐妊したことを推測する説がある。

後深草院の「色好み」は有名である。たとえば、後深草院に仕えていた二条という女性が著した奔放な恋愛日記『とはずがたり』からも、この時代の性的にルーズな雰囲気が窺われる。『十六夜日記』と『とはずがたり』は、同時代文学なのである。ただし、この「後深草院二条」という人物の経歴についても、その実在性を疑問視する研究者が存在するのが、実情である。

実情と言えば、『十六夜日記』は現代まで広く読まれ続けてきたが、現在の評価は、それほど高くないのが実情である。冒頭の大上段に振りかぶった日本文化論や、名文・名歌の「見本＝教科書」という側面が、現代人にはいささか堅苦しく思われるのかもしれない。

その一方で、『とはずがたり』は、昭和になって発見されるまで文学史の闇に埋もれていたが、今では、現代文学のように人々の共感を受けている。文学作品の評価の不思議さを感じさせる。

本文では、「三《み》つの子《こ》どもの歌《うた》」の箇所を、「五《いつ》つの子《こ》どもの歌《うた》」とするものがある。これまでの叙述を読んできたならば、為相、為守、律師、阿闍梨、娘の五人のほうが自然ではある。漢字の「三」と「五」は似ているので、「五」を「三」と書き間違えた可能性が高い。ただし、五人を「五《いつ》つ」と表記するのは、不自然にも思われる。それで［訳］のような解釈を試みた。

なお、阿仏尼の娘が仕えていたという東二条院は、『とはずがたり』では嫉妬深い女性だったとされている。『徒然草』第二百二十二段にも登場している。なお、この「女院」を後堀河院皇女の暉子《きし》内親王とする説もある。

ここまでが、「II　惜別の賦」である。「別離に際して詠む歌」と、その「返し」の見本集であった。そして、いよいよ『十六夜日記』の最大の読み所に入る。旅の部分である。

III　東海道の旅の日録

10　弘安二年十月十六日　都から守山まで

「然《さ》のみ、心弱《こころよわ》くても如何《いか》が」とて、つれなく振《ふ》り捨《す》てつ。
粟田口《あはたぐち》と言《い》ふ所《ところ》よりも、車《くるま》は返《かへ》しつ。程無《ほどな》く、逢坂《あふさか》の関《せき》越《こ》ゆる程《ほど》に、

(阿仏)定《さだ》め無《な》き命《いのち》は知《し》らぬ旅《たび》なれど又逢坂《またあふさか》《又逢ふ》と頼《たの》めてぞ行《ゆ》く

野路《のぢ》と言《い》ふ所《ところ》は、来《こ》し方《かた》・行《ゆ》く先《さき》、人《ひと》も見《み》えず。日《ひ》は、暮《く》れ掛《か》かりて、「いと物悲《ものがな》し」と思《おも》ふに、時雨《しぐれ》さへ打《う》ち注《そそ》ぐ。

(阿仏)打《う》ち時雨《しぐ》れ故郷《ふるさと》《降る》思《おも》ふ袖濡《そでぬ》れて行《ゆ》く先遠《さきとほ》き野路《のぢ》の篠原《しのはら》

「今宵《こよひ》は、鏡《かがみ》と言《い》ふ所《ところ》に着《つ》くべし」と定《さだ》めつれど、暮《く》れ果《は》てて、行《ゆ》き着《つ》かず。守山《もりやま》と言《い》

ふ所《ところ》に、止《とど》まりぬ。此処《ここ》にも、時雨《しぐれ》、猶《なほ》、慕《した》ひ来《き》にけり。

（阿仏）いとど猶袖濡《なほそでぬ》らせとや宿《やど》りけむ間無《まな》く時雨《しぐれ》の守山《もるやま》《漏る》にしも

今日《けふ》は、十六日《とをかあまりむいか》の夜《よ》なりけり。いと苦《くる》しくて、打《う》ち臥《ふ》しぬ。

［訳］息子たちや娘と別れるのは、悲しいことである。彼らとの情愛に絆《ほだ》されて、旅立ちの決心も鈍《にぶ》りがちである。だが、彼らの未来のためにこそ、私は鎌倉へ向かわなければならない。「いつまでも、めそめそと別れを悲しんでいて、よいものだろうか。早く旅に出て、裁判を申し出なければならない」と思い定め、心を強く持って、子どもたちへの情愛を振り切り、旅立ったのだった。

都から東国へ向かうには、東山の粟田口《あわたぐち》を通る。ここで、牛車《ぎっしゃ》から下りて、家に戻した。ここからは、原則として馬に乗っての旅となる。人目を気にしなくてもよい尼姿だから、歩ける所は徒歩でも歩こう。難所では、手輿《たごし》（腰輿《ようよ》）を使うこともあろう。

粟田口からまもなくして、逢坂《おうさか》の関《せき》に差しかかる。ここを過ぎれば、いよいよ「東路《あずまじ》」。自分は旅に出たのだ、という感慨が湧いてくる。

（阿仏）定《さだ》め無《な》き命《いのち》は知《し》らぬ旅《たび》なれど又逢坂《またあふさか》《又逢ふ》と頼《たの》めてぞ行《ゆ》く

（私は今、都で親しい家族たちと別れてきたばかりだ。次に、いつ彼らと対面できるかは、わからない。世の中は無常だから、私の命がいつまで保《も》つか、生きて都に戻れるかもわからない。けれども、ここは「逢坂の関」。人と人とが逢う、巡り合って再会するという、縁起の良い地名である。「逢坂」という言葉を口にするだけで、私の心には期待が膨《ふく》らんでくる。だから、私は都で待つ愛《いと》しい人々とまた逢える未来がきっと来ると信じて、これから始まる永く苦しい旅に耐えてゆこう。）

逢坂の関を越えると、都のある山城《やましろ》の国と別れを告げ、近江《おうみ》の国になる。早くも、野路《のじ》という所に差しかかった。「野路」は固有名詞（地名）だが、普通名詞では「広い野原を通る道」という意味もある。名は体を表すとは良く言ったもので、ここはまさに荒寥《こうりょう》とした所だった。見晴るかすかぎり、一面の篠原《しのはら》である。ここは、都から東国へ向かう人や、東国から都に戻る人が必ず通る道筋だから、私たち以外にもきっと旅人がいるだろうと思っていたのに、生《お》い茂る篠原に視界が遮《さえぎ》られているためであろうか、前（東）を見ても、後ろ（西）を見ても、人っ子一人、見えはしない。

冬のこととて、日の暮れは早い。あたりは、急速に暗くなってゆく。「ひどく悲しい気分だ」と思って涙ぐんでいると、弱り目に祟《たた》り目《め》で、冷たい時雨までがぽつりぽつりと空から落ちてきた。

(阿仏)打《う》ち時雨《しぐ》れ故郷《ふるさと》《降る》思《おも》ふ袖濡《そでぬ》れて行《ゆ》く先遠《さきとほ》き野路《のち》の篠原《しのはら》

(空からは、冷たい時雨が降りかかる。今日、振り捨てて出てきたばかりの故郷《ふるさと》を思う涙の雨が、私の袖を濡らす。まだ旅の初日ですらこんなに悲しいのに、鎌倉までの道のりの、何と遠いことか。野路の篠原を、誰ともすれ違わず進んでゆくと、孤独な旅人である私は、いよいよ切なくなってしまう。)

「旅の初日である今宵は、鏡《かがみ》の宿《しゅく》まで行って、そこで宿を取ろう」と、予定していたのだが、早くも沈み始めたお日様が完全に沈み切ったので、鏡まで行き着くことができなかった。それで、鏡の手前の守山《もりやま》で、夜を明かすことにした。守山《もりやま》は、和歌では「もるやま」とも詠まれる。野路の篠原で降っていた雨が、ここまで私を追いかけてきたのだろうか、守山も時雨模様《しぐれもよう》だった。

(阿仏)いとど猶袖濡《なほそでぬ》らせとや宿《やど》りけむ間無《まな》く時雨《しぐれ》の守山《もるやま》《漏る》にしも

(宿泊を予定していた鏡ではなく、守山に予定を変更したけれども、私には「袖の涙をさらに増やそう。もっと泣きたい」というような自虐的な気持ちなど、まったくなかった。

それなのに、この宿は雨漏りしているので、私の袖が濡れてしまい、涙が袖を濡らしたのと同じ結果になってしまいそうだ。時雨が止《や》むこともなく降り続いている「守山《もるやま》」は、時雨が屋根から「漏《も》る」山でもあるのだ。）

そうそう、大切な旅立ちの日付を書くのを忘れていた。

今日は、十六日なのだった。弘安二年（一二七九）の十月十六日である。私は、記念すべき旅の一日目の日付を、記憶にしっかりと刻印した。十六日ならば、空には「十六夜《いざよい》の月」が懸かっているはずだが、あいにく、月は見えなかった。体調がひどく苦しかったので、すぐに横になった。あるいは、その後になって空は晴れて、十六夜の月は見えたかもしれない。

［評］　ここから、「Ⅲ　東海道の旅の日録《にちろく》」に入る。すなわち、「道《みち》の記《き》」（紀行文）である。すべての日付が明記されている。『土佐日記』と同じである。日付の空白がない。阿仏尼は、悪天候の雨の日も旅を続けている。そこが、『土佐日記』の舟旅とは違う。舟は、風の関係で、碇泊《ていはく》を余儀なくされることが、しばしば起きる。ただし、『十六夜日記』でも、十月二十六日の記述が混

乱しており、推敲過程の混乱を留めている可能性もある。

本書では、ここからの旅の記録は、一日目、二日目というように、日付ごとに段落を区切って読み進めたい。朝が明ける前に旅立って、日が昇ってから、その日の日付を記すことがある。新しい日付が書かれてから、新しい節《せつ》に入るのではなく、太陽が昇る以前でも、新しい日付を用いたい。

「今日《けふ》は、十六日《とをかあまりむいか》の夜《よ》なりけり」とあるように、十月十六日、冬の十六夜《いざよい》の日の旅立ちだった。本書が『十六夜日記』と呼ばれるゆえんである。「なりけり」は、発見・気づき・驚きを表す語法で、『源氏物語』でも愛用された。

「粟田口《あはたぐち》と言《い》ふ所《ところ》よりも、車《くるま》は返《かへ》しつ」とあるように、牛車は都の自邸に残した。ここから先は、牛車ではなく、馬、ないしは徒歩の旅になる。険しい山道では、「手輿《たごし》」に乗ることもあっただろう。

阿仏尼の生まれた正確な年は、わからない。けれども、鎌倉への旅に出たのは、推定で、五十五歳前後である。鎌倉時代中期の女性が、五十五歳で旅に出るのは、よほどの覚悟であったろう。それを読者に伝えるために「I」が書かれ、生きて再び対面できるかどうかわからない切実さが「II」に書かれていた。

「野路の篠原」は、ここでは固有名詞である。ちなみに、『新古今和歌集』の「高円《たかまど》の野路《のぢ》の篠原《しのはら》末騒《すゑさわ》ぎそそや木枯《こがらし》今日《けふ》吹きぬなり」（藤原基俊《もととし》）の歌は、「高円」とあるので、奈良。

『東関紀行《とうかんきこう》』は、『十六夜日記』よりも、野路の寂しい光景の描写が詳しい。和歌も二首、詠まれている。

東路《あづまぢ》の野路《のぢ》の朝露《あさつゆ》今日《けふ》や然《さ》は袂《たもと》に掛《か》かる初《はじ》めなるらむ

行《ゆ》く人《ひと》も泊《と》まらぬ里《さと》と成《な》りしより荒《あ》れのみ増《ま》さる野路《のぢ》の篠原《しのはら》

なお、「Ⅳ」の「鎌倉と都との往復書簡集」に登場する京極為兼が撰者となった『玉葉和歌集』の旅の部に、阿仏尼の歌が入集している。作者名は、「安嘉門《あんかもん》院四条《いんしじょう》」。

東《あづま》へ罷《まか》りけるに、野路《のぢ》と言《い》ふ所《ところ》にて、日《ひ》、暮《く》れ掛《か》かりて、時雨《しぐれ》さへ打《う》ち注《そそ》ぎければ　　安嘉門院四条

打《う》ち時雨《しぐ》れ故郷《ふるさと》《降る》思《おも》ふ袖濡《そでぬ》れて行《ゆ》く先遠《さきとほ》き野路《のぢ》の篠原《しのはら》

「守山」は、「もりやま」「もるやま」の両方に読まれる。和歌では、「漏る（洩る）」との掛詞にするために、「もるやま」と詠まれることが多い。「扶桑拾葉

集」でも、散文では「もりやま」、和歌では「もるやま」となっており、両者が混在している。

11　十月十七日　守山から小野まで

未《いま》だ、月《つき》の光《ひかり》、微《かす》かに残《のこ》りたる曙《あけぼの》に、守山《もりやま》を出《い》でて行《ゆ》く。野洲川《やすがは》渡《わた》る程《ほど》に、先立《さきだ》ちて行《ゆ》く旅人《たびびと》の駒《こま》の足《あし》の音許《おとばか》り、清《さや》かにて、霧《きり》、いと深《ふか》し。

(阿仏)旅人《たびびと》は皆諸共《みなもろとも》に朝発《あさた》ちて駒打《こまう》ち渡《わた》す野洲《やす》の川霧《かはぎり》

十七日《とをかあまりなぬか》の夜《よ》は、小野《をの》の宿《しゆく》と言《い》ふ所《ところ》に止《と》まる。月出《つきい》でて、山《やま》の峰《みね》に立《た》ち続《つづ》きたる松《まつ》の木《こ》の間《ま》、境界見《けぢめみ》えて、いと面白《おもしろ》し。

[訳]　朝、目を覚ますと、雨は止《や》んでいた。十六夜《いざよい》の月の光が、西の空にかすかに残っている。この月の姿も、心に刻み込んでおこう。

今日は、旅の二日目、十月十七日である。空がまだほの暗い暁に、守山を後にした。守山を出た直後に、野洲川《やすがわ》を越えた。川幅は広いが、水深は浅いので、舟は必要でない。人も馬も、歩いて渡っている。

昨日の野路《のじ》では、一面の篠原に遮《さえぎ》られて前後の旅人の姿が見えなかったが、今朝は、朝霧と言うか川霧と言うか、霧が視界を遮っている。私の前方を進んでいると思われる旅人が乗っている馬の足音は、はっきり聞こえる。けれども、その姿は霧のために見えないのだった。

（阿仏）旅人《たびびと》は皆諸共《みなもろとも》に朝発《あさた》ちて駒打《こまう》ち渡《わた》す野洲《やす》の川霧《かはぎり》

（今朝《けさ》は、私が宿泊していた守山から、多くの旅人たちが何人も東へと出発した。この野洲川は、川霧が深い。誰がどこにいるのか、私の目には見えないけれども、人々が一斉に、東へと川を渡る、勢いのある音が聞こえてくる。いや、私の耳にはっきり聞こえてくるのは、馬の足音ばかりである。）

昨夜の宿泊予定地だった鏡《かがみ》の宿《しゅく》も過ぎて、この夜は、小野《おの》の宿《しゅく》に泊まった。かつては「鳥籠《とこ》の山」と呼ばれた所である。かつては為家殿の所領があったが、今は為氏殿のものになっている。吉富《よしとみ》の庄《しょう》である。

空には、十七日の月（立待月《たちまちづき》）が出て、明るかった。山の峰に並んで立っている松の木々が、はっきりと見分けられた。それだけでなく、一本一本の松の隙間《すきま》まで、はっきりと見えて、感動した。

【評】 阿仏尼の歌の「旅人《たびびと》は皆諸共《みなもろとも》に朝発《あさた》ちて」の初句を「旅人《たびびと》も」、第三句を、「先立《さきだ》ちて」とする写本がある。『玉葉和歌集』には、先ほどの「野路」の歌の次に、「野洲川」の歌も入集している。

同《おな》じ道《みち》にて、野洲川渡《やすがはわた》りけるに、先立《さきだ》つ人《ひと》の音許《おとばか》り聞《き》こえて、霧《きり》いと深《ふか》かりければ、思《おも》ひ続《つづ》けける

旅人《たびびと》も皆諸共《みなもろとも》に朝発《あさた》ちて駒打《こまう》ち渡《わた》す野洲《やす》の川霧《かはぎり》

初句が「旅人《たびびと》も」、三句目が「朝発《あさた》ちて」となっている。『古今和歌集』には、「蜾蠃鳴《すがるな》く秋《あき》の萩原朝発《はぎはらあさた》ちて旅行《たびゆ》く人《ひと》を何時《いつ》とか待《ま》たむ」（離別）、「近江《あふみ》より朝《あさ》発《た》ち来《く》れば畝《うね》の野《の》に鶴《たづ》ぞ鳴《な》くなる明《あ》けぬ此《こ》の夜《よ》は」（近江振《おうみぶり》）などのように、「朝発《あさた》ちて」「朝発《あさた》ち来《く》れば」などとある。「蜾蠃《すがる》」は、蜂の一種とされる。蜂や鶴の鳴き声を聞きながら、朝、まだ暗いうちに宿を発ち、旅に向かう情景が歌

われている。
阿仏尼もまた、川を渡る音を聞きながら、朝の旅をしている。ただし、『十六夜日記』では「旅人《たびびと》の駒《こま》の足《あし》の音許《おとばか》り」とあるが、『玉葉和歌集』では「人《ひと》の音許《おとばか》り」とある。馬が立てる水音と、人の歩く水音では、かなり大きさが違うのではないだろうか。
「月出《つきい》でて、山《やま》の峰《みね》に立《た》ち続《つづ》きたる松《まつ》の木《こ》の間《ま》、境界見《けちめみ》えて、いと面白《おもしろ》し」の「境界《けちめ》」は、たとえば『源氏物語』の朝顔の巻とは微妙に違っている。

雪《ゆき》の、甚《いた》う、降《ふ》り積《つ》もりたる上《うへ》に、今《いま》も散《ち》りつつ、松《まつ》と竹《たけ》との区別《けちめ》をかしう見《み》ゆる夕暮《ゆふぐれ》に、人《ひと》の御容貌《おんかたち》も、光《ひか》り増《ま》さりて見《み》ゆ。

光源氏の美貌が、雪の白さに映《は》えて見える、という文脈である。この「けちめ」には「区別」という漢字を宛《あ》てたが、「差別」「違い」という意味である。松に積もる雪と、竹に積もる雪では、降り積もり方が違っているので、はっきり区別できる。『十六夜日記』も、峰に立ち並んでいる松の木と松の木のそれぞれがはっきり、区別されて見えているという状況だから、朝顔の巻とは根本的には通じてはいる。

古典文学では、その個性を際立《きわだ》たせることに成功し、他の作品との「けぢめ」を明瞭にしている作品が、名作として残ってゆく。『源氏物語』は、その最高峰であるが、『十六夜日記』もまた、他の日記紀行文学との「けぢめ」がはっきりした作品である。旅そのものではなく、日本文化論を目指して書かれているからである。

12　十月十八日　小野から笠縫まで

此処《ここ》に、夜深《よぶか》き霧《きり》の迷《まよ》ひに、辿《たど》り出《い》でつ。醒《さめ》が井《ゐ》と言《い》ふ水《みづ》、「夏《なつ》ならば、打《う》ち過《す》ぎましや」と思《おも》ふに、徒歩人《かちびと》は、猶《なほ》、立《た》ち寄《よ》りて汲《く》むめり。

（阿仏）結《むす》ぶ手《て》に濁《にご》る心《こころ》を濯《すす》ぎなば憂《う》き世《よ》の夢《ゆめ》や醒《さめ》《覚め》が井《ゐ》の水《みづ》

とぞ覚《おぼ》ゆる。

十八日《とをかあまりやうか》、美濃《みの》の国《くに》、関《せき》の藤川《ふちかは》渡《わた》る程《ほど》に、先《ま》づ、思《おも》ひ続《つづ》ける。

（阿仏）我《わ》が子《こ》ども君《きみ》に仕《つか》へむ為《ため》ならで渡《わた》らましやは関《せき》の藤川《ふちかは》

不破《ふは》の関屋《せきや》の板庇《いたびさし》は、今《いま》も変《か》はらざりけり。

（阿仏）隙多《ひまおほ》き不破《ふは》の関屋《せきや》は此《こ》の程《ほど》の時雨《しぐれ》も月《つき》も如何《いか》に漏《も》る《守る》らむ

関《せき》より掻《か》き暗《くら》しつる雨《あめ》、時雨《しぐれ》に過《す》ぎて降《ふ》り暮《く》らせば、道《みち》も、いと悪《あ》しくて、心《こころ》より外《ほか》に、笠縫《かさぬひ》の駅《むまや》と言《い》ふ所《ところ》に止《とど》まる。

（阿仏）旅人《たびびと》は蓑《みの》《美濃》打《う》ち払《はら》ふ夕暮《ゆふぐれ》の雨《あめ》に宿借《やどか》る笠縫《かさぬひ》の里《さと》

［訳］翌朝は小野を、例によって、まだ暗い時分に発《た》った。霧が立ちこめているので、道がよくわからず、たどりたどり進んだ。『伊勢物語』の第九段（東下り）に、「道知《みちし》れる人《ひと》もなくて、惑《まど》ひ行《い》きけり」とあるのは、在原業平の旅もまさに、こんな感じだったのだろうか。

醒《さめ》が井《い》という所を通った。ここには、清水が湧いている。その清水も、地名と同じく

「醒が井」と呼ばれている。私が馬の上から見ても、清冽《せいれつ》で、「今は冬だから、この水で涼《りょう》を取ろうとは思わないが、夏の旅だったならば、必ず馬から下りて、水を汲《く》んだことだろう」と思われた。ただし、徒歩で旅をしている人たちは、冬とは言いながら、この井戸に立ち寄って水を汲んでいたようだ。

(阿仏)結《むす》ぶ手《て》に濁《にご》る心《こころ》を濯《すす》ぎなば憂《う》き世《よ》の夢《ゆめ》や醒《さめ》《覚め》が井《ゐ》の水《みづ》

(『古今和歌集』の歌聖・紀貫之《きのつらゆき》に、「結《むす》ぶ手《て》の雫《しづく》に濁《にご》る山《やま》の井《ゐ》の飽《あ》かでも人《ひと》に別《わか》れぬるかな」という名歌がある。山の清水は浅いので、手で掬《すく》って飲んだら、こぼれた水が清水を汚してしまう。だから、飽きるほど飲むことができない。このような状況を踏まえて、もっと永くあなたと逢っていたかった、あなたと別れるのが辛《つら》いです、という挨拶の歌である。この醒が井の清水は、俗塵によって濁りきった私の心を綺麗さっぱり洗い流してくれ、純白に戻してくれるだろう。ただし、気になることがある。亡き為家殿の遺訓を守ろうとして、私は奮闘しているが、それもまた、はかない俗世の夢なのかも知れない。この迷夢が醒《さ》める時は、いつか来るのだろうか。)

日が高く昇ると、今日が十月十八日、旅の三日目だという実感が湧いてくる。

近江の国を過ぎて、美濃《みの》の国に入った。不破《ふわ》の関《せき》のそばを、藤川《ふじかわ》という川が流れている。

『古今和歌集』に、「美濃《みの》の国関《くにせき》の藤川《ふぢかは》絶《た》えずして君《きみ》に仕《つか》へむ万代《よろづよ》までに」と歌われている、その「関の藤川」である。亡き為家殿も、『古今和歌集』を踏まえて、「我《わ》が君《きみ》に仕《つか》ふる道《みち》も久《ひさ》しけれ万代《よろづよ》絶《た》えぬ関《せき》の藤川《ふぢかは》」という歌を詠んでおられる。それらのことが、藤川を渡る時に、私の脳裏をよぎり続けたのだった。

（阿仏）我《わ》が子《こ》ども君《きみ》に仕《つか》へむ為《ため》ならで渡《わた》らましやは関《せき》の藤川《ふぢかは》

（私が鎌倉への旅をしている理由は、自分自身のためではない。俊成卿・定家卿・為家殿と三代続いた「歌の家」の経済的な基盤を確立するために、細川の庄を為氏殿から取り戻す裁判のためである。為家殿と私との間に生まれた子どもたちが、帝に末永くお仕えできるようにと願いながら、私はこの関の藤川を渡ってゆく。）

「関の藤川」という言葉の中に入っている「関」とは、不破《ふわ》の関のことである。この関所を、かつて私は見たことがある。若かりし頃、『うたたね』で書き記した傷心旅行の際だった。その時、不破の関所は実際に存在していて、関屋《せきや》の中には意地の悪そうな番人が威張っていたのを、私は確かに見た。

ところで、『新古今和歌集』で、藤原良経《よしつね》（後京極摂政《ごきょうごくせっしょう》）殿は、「人住《ひとす》まぬ不破《ふは》の関屋《せきや》の板《いた》庇《びさし》荒《あ》れにし後《のち》は唯秋《ただあき》の風《かぜ》」と歌っている。今回、私が見た不破の関は、良経殿が詠まれた通りの廃屋だった。『うたたね』の旅から、永い時間が経《た》ったことが痛感される。

（阿仏）隙多《ひまおほ》き不破《ふは》の関屋《せきや》は此《こ》の程《ほど》の時雨《しぐれ》も月《つき》も如何《いか》に漏《も》る《守る》らむ

（後京極摂政、こと藤原良経殿は、不破の関は荒れ果てている、と歌われた。私が今、見ている関屋は、建てられてから永い年月が経《た》っているので、あちらこちらに破損した箇所だらけである。そういう庇《ひさし》の破れから、雨の日は、私がここのところ苦しめられている時雨も漏ってきているだろうし、晴れた夜には月の光が漏れ入っていることだろう。そう考えれば、人間としての関守《せきもり》は駐在していなくても、時雨や月の光が、この関屋を守っている、と言えるだろう。）

不破の関のあたりから空模様があやしくなり、急速に暗くなり、本格的な雨になった。これは、もはや優雅な「時雨《しぐれ》」などではない。道がぬかるんで、雨水が浮き、先へ進むことも困難になった。そこで、まだ日は暮れていないのだけれども、予定を変更して、笠縫《かさぬい》の駅に泊まることにした。「笠縫」という地名が、「雨」と縁語であるのは、偶然とはいえ、面白いことだった。しかも、ここは「美濃」の国であるから、掛詞の「蓑《みの》」という言葉も雨の縁語である。

（阿仏）旅人《たびびと》は蓑打《みのう》《美濃》ち払《はら》ふ夕暮《ゆふぐれ》の雨《あめ》に宿借《やどか》る笠縫《かさぬひ》の里《さと》

（美濃の国に入ってからは、雨に祟《たた》られている。雨除《あまよ》けに着ている蓑《みの》は、雨粒でびっしょりなので、何回も蓑を揺すって、雨粒を振り落とさなければならないほどである。今日もまた、夕暮の雨がひどくなり、身体を濡らさないためには、蓑では役に立ちそうにない。そこで、宿を借りて、屋根の下で雨をやり過ごそうとしたのだが、その宿のある地名が、何と「笠縫《かさぬい》」。私の泊まる宿の屋根が、「笠」の役目を果たしてくれるのだろう。）

［評］　阿仏尼の歌、「我《わ》が子《こ》ども君《きみ》に仕《つか》へむ為《ため》ならで渡《わた》らましやは関《せき》の藤川《ふちかは》」の第三句を、「為《ため》ならば」とする写本がある。「為《ため》ならば」の場合は、「我が子の未来を考えるだけだったら、この川を渡って鎌倉に行くことはなかった。夫の遺志を明らかにするためにこそ、私は川を渡っているのだ」という意味になる。「為《ため》ならで」の方が自然である。なお、「藤川」はフジガワとも発音される。

ところで、私は、『十六夜日記』の「不破の関」の場面を読むたびに、頭が混乱してしまう。それは、同じ作者の若かりし日の旅を記した『うたたね』で、不破の関守の姿が、はっきりと書かれていたからである。

『うたたね』は、作者の現実の人生をかなり脚色しているので、もしかしたら、遠江《とおとうみ》への旅の部分は、「創作＝虚構」なのか、とまで思ったこともあった。創作ならば、不破の関に、厳しい番人がいても、おかしくはない。だが、『うたたね』の三つの柱（恋、隠棲、旅）のうちの一つが、まったくの虚構であるとは考えがたい。不破の関の謎は、これからも考え続けたい。

阿仏尼の「旅人《たびびと》は蓑《みの》打《う》ち払《はら》ふ夕暮《ゆふぐれ》の雨《あめ》に宿借《やどか》る笠縫《かさぬひ》の里《さと》」の歌の第二句を、「打《う》ち払《はら》ひ」とする写本がある。一見、「旅人《たびびと》は蓑《みの》打《う》ち払《はら》ひ夕暮《ゆふぐれ》の雨《あめ》に宿借《やどか》る笠《かさ》縫《ぬひ》の里《さと》」の方が、自然な文脈に思われる。『夫木和歌抄』にも、「打《う》ち払《はら》ひ」という本文で入っている。

だが、ここは、「打ち払ふ」という言葉を、作者が意図的に用いた可能性がある。亡き夫為家の父・定家に、人口に膾炙した名歌がある。

駒止《こまと》めて袖打《そでう》ち払《はら》ふ陰《かげ》も無《な》し佐野《さの》の辺《わた》りの雪《ゆき》の夕暮《ゆふぐれ》

定家が『新勅撰和歌集』に撰んだ、「苦《くる》しくも降《ふ》り来《く》る雨《あめ》か三輪《みわ》の崎《さき》狭野《さの》の辺《わた》りに家《いへ》もあらなくに」の本歌取りである。この定家の名歌の「袖打《そでう》ち払《はら》ふ」を意識して、阿仏尼は「蓑打《みのう》ち払《はら》ふ」と詠んだのではないだろうか。御子左家の直系に位置する為家と、その子どもたちのために、阿仏尼は苦しい旅を続けている。

13　十月十九日　笠縫から一の宮まで

十九日《とをかあまりここぬか》、又《また》、此処《ここ》を出《い》でて行《ゆ》く。夜《よ》もすがら降《ふ》りつる雨《あめ》に、平野《ひらの》とかや言《い》ふ程《ほど》の道《みち》、いとど悪《わ》ろくて、人《ひと》通《かよ》ふべくもあらねば、水田《みづた》の面《おも》をぞ、宛《さなが》ら、渡《わた》り行《ゆ》く。明《あ》くるままに、雨《あめ》は降《ふ》らず成《な》りぬ。

昼《ひる》つ方《かた》、過《す》ぎ行《ゆ》く道《みち》に、目《め》に立《た》つ社《やしろ》有《あ》り。人《ひと》に問《と》へば、『結《むす》ぶの神《かみ》』とぞ聞《き》こゆる」と言《い》へば、

（阿仏）護《まも》れ唯《ただち》契《ぎ》り結《むす》ぶの神《かみ》ならば解《と》けぬ恨《うら》みに我迷《われまよ》はさで

墨俣《すのまた》とかや言《い》ふ川《かは》には、舟《ふね》を並《なら》べて、真折葛《まさき》の綱《つな》にやあらむ、掛《か》け留《とど》めたる浮橋《うきはし》有《あ》り。いと危《あや》ふけれど、渡《わた》る。この川《かは》、堤《つつみ》の方《かた》は、いと深《ふか》くて、片方《かたかた》は浅《あさ》ければ、

（阿仏）片淵《かたぶち》の深《ふか》き心《こころ》は有《あ》りながら人目慎《ひとめづつ》《堤》みに然《さ》ぞ堰《せ》かるらむ
（阿仏）仮《かり》の世《よ》の行《ゆ》き来《き》と見《み》るも儚《はかな》しや身《み》を浮舟《うきふね》《憂き》を浮橋《うきはし》《憂き》にして
とぞ思《おも》ひ続《つづ》けける。
又《また》、一《いち》の宮《みや》と言《い》ふ社《やしろ》を過《す》ぐとて、
（阿仏）一《いち》の宮名《みやな》さへ懐《なつ》かし二《ふた》つ無《な》く三《み》つ無《な》き法《のり》を護《まも》るなるべし

【訳】　十月十九日。旅の四日目である。今日は、ここ、美濃の国の笠縫《かさぬい》を発《た》ち、尾張《おわり》の国に入る予定である。

雨が夜通し降り続いたので、道がぬかるんでいる。特に、平野《ひらの》とかいう場所は、水が浮いて、人や馬が通ることが不可能なほどの悪路だった。どこが道なのかが見た目でははっきりせず、まるで水を張った水田の上を歩いてゆくような感じだった。そんな大雨も、お日様が高く昇るにつれて、小降りになり、やがて止《や》んだ。

お昼頃、私たちが進んでいる道の傍《かたわ》らに、人目につく社《やしろ》が見えた。何という神社で、どういう神様を祀《まつ》っているのか、同行している息子の阿闍梨《あざり》に、地元の人に訊《き》いてもらったところ、「ここは、『結《むす》ぶの神』と申します、という返事です」ということだった。「結ぶ」という言葉に感動した私は、早速、歌を一首詠んで、結ぶの神に、「歌の道」の隆盛と、わが子孫の繁栄をお祈りしたことだった。

（阿仏）護《まも》れ唯契《ただちぎ》り結《むす》ぶの神《かみ》ならば解《と》けぬ恨《うら》みに我迷《われまよ》はさで

（この神社で祀《まつ》っているのが「結ぶの神」であるならば、ぜひ、悩み多き私と結縁《けちえん》し——契りを結んで——、私たちをお護《まも》りください。私たちは、為氏殿たちと、解《ほど》こうにも解《ほど》けない憎悪のもつれに苦しんでいます。そのもつれがすっきりと解決して、これ以上、私たちが迷わないで済むようにしてください。）

美濃の国と尾張の国の境になっているのが、洲俣川《すのまたがわ》（墨俣川《すのまた》）である。ここは、若い頃に『うたたね』の旅で渡った記憶が鮮明である。庶民たちが喧嘩騒ぎを起こして、恐ろしかった。

今回は、舟をたくさん並べて、「真拆葛の綱《まさきつな》」という木の蔓《つる》で繋ぎ、橋のようにした「浮橋《うきはし》」が架かっていた。川の上に浮かんだ橋なので、安定感がなく、ふわっと漂う感じがする。恐る恐る、舟で出来たこの橋を渡り終えて、尾張の国に入った。

この洲俣川《すのまたがわ》をよく観察すると、興味深い地形をしている。川の片方《かたほう》の岸は、堤（土手）になっていて、水深はとても深い。ところが、もう一方の岸はと言えば、浅瀬になっている。
この地形を見ていて、心に浮かんだ歌があった。

(阿仏)片淵《かたぶち》の深《ふか》き心《こころ》は有《あ》りながら人目《ひとめ》慎《づつ》《堤》みに然《さ》ぞ堰《せ》かるらむ

(この川の片方の岸は、深い淵になっている。人間もまた、特に、恋する女性は、深い思いを心の中に湛《たた》えている。けれども、川の深い水が、堤に堰《せ》き止められて陸地には溢れないで済んでいるように、心の中の恋心は、人目を気にすることで他人にはわからないように秘められているのであろう。)

別に、私は、この年齢《とし》になってまで恋をしているわけではない。ただ、若い頃に深い恋心を心の中に湛《たた》えていた経験はあるので、その思い出を詠んでみたのである。

また、先ほど渡った「浮舟=浮橋」についても、一首詠んでみた。心に秘めた恋心という、前の歌のテーマが、おのずと『源氏物語』の浮舟の物語を、私に連想させたからである。宇治十帖には、「浮舟」巻と「夢の浮橋」巻がある。

(阿仏)仮《かり》の世《よ》の行《ゆ》き来《き》と見《み》るも儚《はかな》しや身《み》を浮舟《うきふね》《憂き》を浮橋《うきはし》《憂き》にして

(私は、人生の辛《つら》さに苦しめられながら、都と鎌倉を往復しようとしている。今渡ったばかりの橋は、舟を並べて繋ぎ、川の上に浮かべただけの儚《はかな》い造りだった。渡る時には、ゆらゆら、ふわふわして、足が地に付いていないように感じられた。この危うい感覚こそ、お釈迦様が「仮の世」にすぎないと説かれた人間世界の実相なのだろう。）

こんなことを考えながら旅を続けていると、一の宮という社《やしろ》（真清田《ますみだ》神社）があった。その鳥居を通り過ぎる際に、馬から下りて拝礼する際に、歌を一首手向《たむ》けた。

（阿仏）一《いち》の宮名《みやな》さへ懐《なつ》かし二《ふた》つ無《な》く三《み》つ無《な》き法《のり》を護《まも》るなるべし

（ここは、尾張の国の「一の宮」だと聞きました。その「一《いち》」という言葉に、私は心引かれます。この神様は、「二《に》」無《な》く、「三《さん》」も無《な》い、つまり「唯一《ゆいいつ》」の正しい教えである『法華経』をお守りになっておられるのでしょうから。）

【評】「水田《みづた》の面《おも》」を、『十六夜日記残月鈔』は、「水田《みづた》の面《つら》」としている。この『十六夜日記残月鈔』は、文政七年（一八二四）の刊行。全三冊。江戸時代後期ではあるが、『十六夜日記』の注釈書として貴重である。小山田与清《おやまだともきよ》と、北条時隣《ときちか》の共著である。与清は、東京専門学校（後の早稲田大学）の設立に関わった高田早苗《さなえ》の曾祖父である。

阿仏尼の「片淵《かたぶち》の深《ふか》き心《こころ》は有《あ》りながら人目《ひとめ》慎《づつ》みに然《さ》ぞ堰《せ》かるらむ」という歌

の「片淵」は、「かたぶち」「かたふち」の清濁両様に読む。

『新編国歌大観』で、「片淵」の用例を検索すると、冷泉家の第三代為尹《ためまさ》と、彼に師事した正徹《しょうてつ》に使用例が多いことに気づく。『十六夜日記』の以後ではあるが、興味深い現象なので、ここで指摘した。正徹の、「思《おも》ひ川《がは》身《み》を片淵《かたぶち》に沈《しづ》めても浮《う》き名《な》は波《なみ》に立《た》ちや残《のこ》らむ」（「片恋」）のように、多くは恋の歌である。

なお、阿仏尼の「仮《かり》の世《よ》の行《ゆ》き来《き》と見《み》るも儚《はかな》しや身《み》を浮舟《うきふね》を浮橋《うきはし》にして」は、下の句の「……を……を」の繰り返しが、何とも音律がよくないので、「身の浮舟を」とする写本が多く、「身を浮舟の」とする写本もある。

尾張の国の一の宮の神様が、「二《ふた》つ無《な》く三《み》つ無《な》き法《のり》」である『法華経』の教えを守っているとするのは、「神仏習合」の思想である。神道（和歌）と儒教、そして仏教は、立体化できる。これが、日本の中世文化が誇る「異文化統合システム」である。複数の異文化を統合して、なおかつ調和させるのが、「和」の思想の真髄である。

『臨永《りんえい》和歌集』に、「二《ふた》つ無《な》く頼《たの》む心《こころ》を三笠山神《みかさやまかみ》も哀《あは》れと承《う》けざらめやは」（覚円）という神祇歌《じんぎか》もある。

赤染衛門《あかぞめえもん》に、「説《と》き置《お》かで入《い》りなましかば二《ふた》つ無《な》く三《み》つ無《な》き法《のり》を誰弘《たれひろ》めまし」（「法華経の心を詠みし」方便品《ほうべんぼん》）という類歌がある。『新後拾遺和歌集』に、「方便品、唯有一乗法無二亦無三という心を」という詞書を持つ、「春《はる》は唯花《ただはな》をぞ思《おも》ふ二《ふた》つ無《な》く三《み》つ無《な》き物《もの》は心《こころ》なりけり」（尊円《そんえん》）という歌があるので、『法華経』の方便品の具体的な経文もわかる。

14　十月二十日　一の宮から八橋まで

二十日《はつか》、尾張《をはり》の国《くに》、「おもと」と言《い》ふ駅《むまや》を行《ゆ》く。避《よ》きぬ道《みち》なれば、熱田《あつた》の宮《みや》へ参《まゐ》りて、硯《すずり》取《と》り出《い》でて、書《か》き付《つ》けて、奉《たてまつ》る歌《うた》、五《いつ》つ。

（阿仏）祈《いの》るぞよ我《わ》が思《おも》ふ事《こと》鳴《なる》《成る》海潟《みがた》潟《かた》引《ひ》《片引く》く潮《しほ》も神《かみ》のまにまに

（阿仏）鳴海潟《なるみがた》和歌《わか》の浦風《うらかぜ》隔《へだ》てずは同《おな》じ心《こころ》に神《かみ》も受《う》くらむ

（阿仏）満《み》つ潮《しほ》の差《さ》《指し》してぞ来《き》つる鳴海潟《なるみがた》神《かみ》や哀《あは》れと見《み》る目《め》《海松布(みるめ)》尋《たづ》ねて

(阿仏)雨風《あめかぜ》も神《かみ》の心《こころ》に任《まか》すらむ我《わ》が行《ゆ》く先《さき》の障《さは》り有《あ》らすな

潮干《しほひ》の程《ほど》なれば、障《さは》り無《な》く、干潟《ひがた》を行《ゆ》く。折《をり》しも、浜千鳥《はまちどり》いと多《おほ》く、先立《さきだ》ちて行《ゆ》くも、導顔《しるべがほ》なる心地《ここち》して、

(阿仏)浜千鳥《はまちどり》鳴《な》きてぞ誘《さそ》ふ世《よ》の中《なか》に跡留《あとと》《足跡・行跡》めむとは思《おも》はざりしを

隅田川《すみだがは》の渡《わた》りにこそ「有《あ》り」と聞《き》きしかど、都鳥《みやこどり》と言《い》ふ鳥《とり》の、嘴《はし》と脚《あし》と赤《あか》きは、此《こ》の浦《うら》にも有《あ》りけり。

(阿仏)言問《こと と》はむ嘴《はし》と脚《あし》とは飽《あ》《赤》かざりし我《わ》が住《す》む方《かた》の都鳥《みやこどり》《都》かと

二村山《ふたむらやま》を越《こ》えて行《ゆ》くに、山《やま》も野《の》も、いと遠《とほ》くて、日《ひ》も暮《く》れ果《は》てぬ。

(阿仏)遥々《はるばる》と二村山《ふたむらやま》を行《ゆ》き過《す》ぎて猶末辿《なほすゑたど》る野辺《のべ》の夕闇《ゆふやみ》

「八橋《やつはし》に止《とど》まらむ」と、言《い》ふ。暗《くら》さに、橋《はし》も見《み》えず成《な》りぬ。

(阿仏)細蟹《ささがに》の蜘蛛手《くもで》危《あや》ふき八橋《やつはし》を夕暮《ゆふぐれ》掛《か》けて渡《わた》りぬるかな

[訳] 十月二十日、旅も五日目となった。今日は、尾張の国から三河《みかわ》の国に入る予定で

ある。
一の宮を発《た》つ。すぐに、「おもと」とかいう宿場を過ぎた。あるいは、私の聞き間違いで、「おりと」(下戸《おりと》)だったかもしれない。そして、東海道を旅する人たちが必ず通る道筋にある熱田《あつた》神宮にお参りした。これから私が向かう鎌倉で、幕府の基礎を築いた源頼朝《よりとも》殿の母君は、熱田神宮の大宮司《だいぐうじ》の娘御《むすめご》だったと聞いている。これからの訴訟の勝利を祈るには恰好の神社である。
社頭では、荷物の中から硯を取り出して、五首を紙に書き付けて奉納した。順に記してゆこう。

(阿仏)祈《いの》るぞよ我《わ》が思《おも》ふ事《こと》鳴《なる》《成る》海潟《みがた》潟《かた》引《ひ》く《片引く》潮《しほ》も神《かみ》のまにまに

(熱田神宮に鎮座まします神様に、心からお祈りします。神社の近くには鳴海潟《なるみがた》がありますが、その「鳴《なる》」という言葉は、願い事が「成《な》る」(成就《じょうじゅ》する)という、縁起の良い言葉と同じ発音です。鳴海潟の潮の満《み》ち干《ひ》は大きくて、すべて熱田の神様の思《おぼ》し召《め》し通りだと聞いています。その絶大なる思し召しを私の上にも注いで、私が鎌倉で起こす訴訟を勝利に導いてくださいませ。)

(阿仏)鳴海潟《なるみがた》和歌《わか》の浦風《うらかぜ》隔《へだ》てずは同《おな》じ心《こころ》に神《かみ》も受《う》くらむ

（鳴海潟には、心地良い風が吹いています。ところで、私どもは「和歌の道」を護るために、紀州の和歌《わか》の浦《うら》の玉津島《たまつしま》明神を信奉しております。和歌の浦に吹く風と、ここ鳴海潟に吹く風は、どちらも同じように優しく感じられます。熱田の神様におかせられましても、和歌の道に寄せる私の熱き祈りを受納ましまして、私どもの未来をお扶《たす》けくださいますよう。）

（阿仏）満《み》つ潮《しほ》の差《さ》し《指し》てぞ来《き》つる鳴海潟神《なるみがたかみ》や哀《あは》れと見《み》る目《め》《海松布（みるめ）》尋《たづ》ねて

（満ちてくる潮は、海の彼方《かなた》からこの鳴海潟を目指して、ひたひたと差し寄せてきます。私も、遠い都から、この鳴海潟の近くにある熱田神宮を目指して、少しずつ旅をしてきました。潮の流れは海辺に、たくさんの海松布《みるめ》を打ち寄せます。私は、熱田の神様が私を「哀れ」と御覧になってくださるであろうこと、つまり、神の「見る目」を求めて、ここにやってきました。私の願いを御照覧になって、救いの手を差し伸べてくださいませ。）

（阿仏）雨風《あめかぜ》も神《かみ》の心《こころ》に任《まか》すらむ我《わ》が行《ゆ》く先《さき》の障《さは》り有《あ》らすな

（「歌徳《かとく》説話」というものがあって、どんなに旱魃《かんばつ》が続いていても、歌人が名歌を詠むと神様が感動して雨を降らせてくれたり、大風が吹いていても、歌人が名歌を詠むと神様が感動して風を止《や》ませてくれたりします。つまり、雨も風も、神様のお心次第なのです。そして、神様に和歌でお祈りする歌人の心がけ次第なのです。私は、これから「歌の道」を、どこまでも突き進もうとしています。熱田の神様、どうか私の鎌倉への旅の無事と、鎌倉での訴訟を見守ってくださり、悪《あ》しき障害物を取り除いてください。そのために、こうして和歌を奉納しております。私の和歌が、熱田の神様のお心に響きますように。)

五首を奉納したはずなのだが、もう一首は忘れてしまった。

私が「我《わ》が行《ゆ》く先《さき》の障《さは》り有《あ》らすな」と詠んだ、ちょうどその時、鳴海潟は潮が引いて、通りやすくなっていた。私が奉納した歌に、早速、神様が感応してくださったのだろう。私は、旅の無事と訴訟の勝利を確信したことだった。私の歌が、神の御心《みこころ》に叶ったのだろうか。

私たちは、何の問題もなく、鳴海潟を西から東へと通り抜けた。たくさんの浜千鳥《はまちどり》が鳴き交《か》わし、飛び交《か》っていた。浜千鳥は、これから私が向かう東の方に歩いて行ったり、飛んで行ったりしているようだ。あの鳥たちは、まるで私の旅を先導し、道案内をしてくれているかのようだった。熱田の神様のお導きなのかもしれない。そこで、一首。

(阿仏)浜千鳥《はまちどり》鳴《な》きてぞ誘《さそ》ふ世《よ》の中《なか》に跡《あと》留《と》め《足跡・行跡》むとは思《おも》はざりしを

(浜千鳥が、盛大に鳴き交《か》わしている。それは、熱田の神様の神意を告げ知らせているのだろう。私の耳には、浜千鳥の鳴き声が、「お前が奉納した和歌は、神意に叶ったぞ。これからも、歌の道に精進せよ。無事に鎌倉に着き、裁判に勝てるように、陰ながら見守ってやろうぞ」と聞こえた。浜千鳥が干潟を歩くと、足跡が残る。私もまた、俊成卿・定家卿・為家殿・為相と続く「歌の道」に、為家殿の妻として、為相の母として、後世にも残る足跡を残すことができるのだろうか。この自分に、そのような大《だい》それた使命があろうとは、若い頃には思ってもみなかったことだ。為家殿との出会いは、それほどの奇蹟なのだった。)

その時、浜千鳥ではない鳥の姿が、目に入った。嘴《くちばし》と脚《あし》が赤い鳥である。あれは、『伊勢物語』第九段で、「白《しろ》き鳥《とり》の、嘴《はし》と脚《あし》と赤《あか》き、鴫《しぎ》の大《おほ》きさなる」と書かれている都鳥《みやこどり》に違いない。在原業平が都鳥を見たのは、隅田川《すみだがわ》の渡し場だった。私も、隅田川の渡し場には「都鳥がいる」とは、本を読んだり、人から聞いたりして知っていたけれども、まさか、この鳴海潟にいようとは思わなかった。業平の、「名《な》にし負《お》はばいざ言問《ことと》はむ都鳥《みやこどり》我《わ》が思《おも》ふ人《ひと》は有《あ》りや無《な》しやと」という和歌を心に浮かべながら、私も一首詠んだ。

(阿仏)言問《ことと》はむ嘴《はし》と脚《あし》とは飽《あ》《赤》かざりし我《わ》が住《す》む方《かた》の都鳥《みやこどり》《都》かと

（鳥よ、嘴と脚が赤い色をしているので、お前は、都鳥だと思われる。ならば、在原業平に倣《なら》って、私も、お前に尋ねよう。私は、住み慣れた都を離れて旅をしていて、都に残して来た愛する人々を、「飽《あ》かず」、いつまでも飽きることなく、思い続けている。お前は、本当に「都鳥」のようだから、都の人々の安否を尋ねよう。皆は元気で暮らしているかどうか。）

この歌は、「飽かず」の部分に「赤」という色彩名を掛詞にしているのが、レトリック上の工夫である。「和歌の歴史に足跡を残すように」という熱田の神様の御心に、少しでも添えるように、表現を工夫したのだった。

やがて、二村山《ふたむらやま》に差しかかった。この山を越えると、三河の国に入る。二村山は、夏には時鳥《ほととぎす》、秋には紅葉《もみじ》の名所であるが、今は冬なので、時鳥も鳴いていなかったし、紅葉も残っていなかった。

ただし、冬の枯れた野原が、果てしなく続いている。やっとのことで二村山を越えても、また、遠くに別の山々が見える。鎌倉までは前途遼遠《ぜんとりょうえん》である。まして、日も暮れ掛かったので、心細いこと、この上もない。日暮れて道遠し、である。

（阿仏）遙々《はるばる》と二村山《ふたむらやま》を行《ゆ》き過《す》ぎて猶末辿《なほすゑたど》る野辺《のべ》の夕闇《ゆふやみ》

（長い山道が続く二村山を越えたかと思うと、今度はどこまでも続いている野原が目の前に広がった。「夕闇《ゆふやみ》は道《みち》たどたどし月待《つきま》ちて帰《かへ》れ我《わ》が背子《せこ》その間《ま》にも見《み》む」という古歌があるように、夕闇の道は、むしょうに心細いものだ。）

私たちは、古歌のように、闇の中、たどたどしく野辺の道を進んでいった。阿闍梨をはじめ、同行の人々は口を揃えて、「今宵は、八橋《やつはし》に宿を取りましょう」と言う。あたりはとっぷりと暮れているので、橋がどこにあるのかも見えなかった。

（阿仏）細蟹《ささがに》の蜘蛛手《くもで》危《あや》ふき八橋《やつはし》を夕暮掛《ゆふぐれか》けて渡《わた》りぬるかな

（八橋は、『伊勢物語』にも「蜘蛛手《くもで》」とあるように、橋が八つ架けられているらしい。蜘蛛の足のように、橋が四方八方に掛けられているので、渡るのは昼間でも危険なことであろう。その橋を、今は夕暮れの闇が覆っているので、恐る恐る渡ったことだ。）

［評］この節の冒頭の「おもとと言《い》ふ駅《むまや》」は、「下戸《おりと》と言《い》ふ駅《むまや》」とする写本が多い。「折戸」は、現在の稲沢市《いなざわし》下津《おりづ》である、とされる。熱田神宮にも近い。「夕暮掛《ゆふぐれか》けて」の「掛け」は、夕暮れに成りかける、橋を架ける、蜘蛛が巣を掛けるというように、三つの意味を併せ持っている。我ながらうまく詠めた歌だと思う。

「避《よ》きぬ道《みち》なれば」とある。東海道の旅人は、必ず熱田神宮を通る、避けられない道筋である、というニュアンスである。『源氏物語』帚木《ははきぎ》の巻にも、「此《こ》の女《をんな》の家《いへ》、はた、避《よ》きぬ道《みち》なりければ」、などとある。

なお、「扶桑拾葉集」を始め、多くの写本には、「奉《たてまつ》る歌《うた》、五《いつ》つ」と言いながら、熱田神宮に奉納した和歌を、四首しか記載していない。だが、その五首目を載せている写本もある。

(阿仏)契《ちぎ》り有《あ》れや昔《むかし》も夢《ゆめ》に御注連縄《みしめなは》心《こころ》に掛《か》けて巡《めぐ》り逢《あ》ひぬる

(私が生まれる前から、ここ熱田神宮にお参りにくることは、運命で決定していたのでしょう。これまで、一度だけ参拝できて、それ以降、もう一度、この神様にお祈りしたいと夢にまで見て、熱望していたのですが、やっと二度目の参拝をすることができて、感動しています。素晴らしい御注連縄《みしめなわ》を再び拝見できた感動を胸に、心からのお願いをさせていただきました。)

この幻の五首目の歌にある「昔」は、『うたたね』の旅をした当時のことを指しているのだろう。

阿仏尼が鳴海潟で詠んだ、「浜千鳥《はまちどり》鳴《な》きてぞ誘《さそ》ふ世《よ》の中《なか》に跡《あと》留《と》めむとは思《おも》はざりしを」の第四句「跡留《あとと》めむとは」を、「跡留《あとと》めしとは」とする写本がある。古文には濁点を打たないので、「跡留《あとと》めじとは」の可能性も皆無ではないが、たぶん、「跡留《あとと》めしとは」だろう。その場合には、自分が、この世に生まれて、歌の道において成すべき事をなし終えた、などとはまったく思っていない、という謙遜である。

この鳴海潟の場面に、浜千鳥が「導顔《しるべがほ》」をして、道案内をしてくれた、とある。「導顔《しるべがほ》」という言葉は、為家と阿仏尼に用例がある。

いさや我恋《われこひ》てふ事《こと》も習《なら》はぬに落《お》つる涙《なみだ》の導顔《しるべがほ》なる　（為家、為家五社百首）

来《く》る春《はる》も谷《たに》の戸《と》よりや出《い》でつらむ導顔《しるべがほ》なる鶯《うぐひす》の声《こゑ》　（阿仏尼、安嘉門院四条五百首）

八橋で詠んだ、「細蟹《ささがに》の蜘蛛手《くもで》危《あや》ふき八橋《やつはし》を夕暮《ゆふぐれ》掛《か》けて渡《わた》りぬるかな」の最終句を、「渡りかねつる」とする写本もある。この場合には、「何とか渡りきったことだ」が、「渡るのに苦労したことだ」という意味になる。

さて、この節では、八橋に触れていることから、当然、『伊勢物語』の重力が支配している。八橋だけでなく、「隅田川の都鳥」も話題になっている。これから、作者は相模の国の鎌倉に向かうので、武蔵の国の隅田川には立ち寄らない。そのため、ここで都鳥を使って、旅情を高めようとしたのだろう。

15　十月二十一日　八橋から渡津《わとうど》まで

二十一日《はつかあまりひとひ》、八橋《やつはし》を出《い》でて行《ゆ》くに、いと良《よ》く晴《は》れたり。山本遠《やまもととほ》き原野《はらの》を分《わ》け行《ゆ》く。昼《ひる》つ方《かた》に成《な》りて、紅葉《もみぢ》いと多《おほ》き山《やま》に向《む》かひて行《ゆ》く。風《かぜ》につれなき所々《ところどころ》、朽葉《くちば》に染《そ》め変《か》へてけり。常盤木《ときはぎ》ども立《た》ち交《ま》じりて、青地《あをち》の錦《にしき》を見《み》る心地《ここち》す。人《ひと》に問《と》へば、「宮路《みやぢ》の山《やま》」と言《い》ふ。

(阿仏)時雨《しぐ》れけり染《そ》むる千入《ちしほ》の果《は》ては又紅葉《またもみぢ》の錦色《にしきいろ》変《か》はるまで

此《こ》の山《やま》までは、昔見《むかしみ》し心地《ここち》するに、頃《ころ》さへ変《か》はらねば、

(阿仏)待《ま》ちけりな昔《むかし》も越《こ》えし宮路山《みやぢやま》同《おな》じ時雨《しぐれ》の巡《めぐ》り逢《あ》ふ世《よ》を

山《やま》の裾野《すその》に、竹《たけ》の有《あ》る所《ところ》に、萱屋《かやや》の一《ひと》つ見《み》ゆる、「如何《いか》にして、何《なに》の便《たよ》りに、斯《か》くて住《す》

むらむ」と見《み》ゆ。

（阿仏）主《ぬし》や誰山《たれやま》の裾野《すその》に宿占《やどし》めて辺《あた》り寂《さび》しき竹《たけ》の一叢《ひとむら》

日《ひ》は入《い》り果《は》てて、猶《なほ》、物《もの》の文目《あやめ》も分《わ》かぬ程《ほど》に、「渡津《わたうど》」とかや言《い》ふ所《ところ》に止《とど》まりぬ。

［訳］　明けて十月二十一日は、旅の六日目である。八橋を発《た》って、東へと向かう。快晴である。気持ちも、晴れ晴れとする。山の麓の道を、ずっと通って行くのだが、行けども行けども野原が続いている。

昼頃に、目の前に山が見えてきた。紅葉《もみじ》の赤が、山襞《やまひだ》を覆《おお》っている。その豪奢《ごうしゃ》な赤い山に向かって、私たちは少しずつ進んでゆくのである。今は初冬なので、紅葉を散らす風が吹いているのだが、散るのを誘う風の誘いを拒絶して、まだ枝に残っている紅葉も多い。その中には、紅色から褐色に移ろっているものが、いくつもある。赤と褐色に加えて、山には常緑樹の緑もある。その「緑＝青」が、色彩効果を高めている。青い地《じ》に、赤や褐色の色を織《お》り成《な》した「青地《あおじ》の錦《にしき》」を見ているような錯覚に陥る。私は、周防《すおう》の内侍《ないし》が詠んだ、「稲荷山杉間《いなりやますぎま》の紅葉《もみぢ》来《き》て《着て》見《み》れば唯青地《ただあをち》なる錦《にしき》なりけり」という歌を思い出した。

私が「ここは、どこですか」と尋ねると、「宮路山《みやじやま》です」という返事だった。この山の紅葉には深く感動したので、歌を詠んだ。

（阿仏）時雨《しぐ》れけり染《そ》むる千入《ちしほ》の果《は》ては又紅葉《またもみぢ》の錦色《にしきいろ》変《か》はるまで

（山の紅葉は、時雨や露が美しい色に染め上げると言われている。この宮路山でも、時雨に濡れる度《たび》に、何度も何度も木の葉の色が染色されたのだろう。しまいには、赤の色を増すだけでなく、褐色に変わって、常緑樹の緑と映《は》えるまでになっているのは、天の摂《せつ》理《り》、自然の摂理と言うべきだろう。）

この宮路山は、昔、私がまだ若かった頃に、『うたたね』の旅をした時にも通った記憶がある。思い起こすと、季節もちょうど今頃だった。懐かしい思いが胸にこみ上げてきて、歌になった。

（阿仏）待《ま》ちけりな昔《むかし》も越《こ》えし宮路山同《みやぢやまおな》じ時雨《しぐれ》の巡《めぐ》り逢《あ》ふ世《よ》を

（時雨が、あちらで降れば、こちらでも降るというように、降る場所を少しずつ変えるのを「巡《めぐ》る」と言う。宮路山は、私が数十年ぶりに、同じ頃にこの山を越えるのを、つまり、山と私が「巡り合う」のを、来る年も来る年も、時雨に巡られながら待ち続けていたのだな。紅葉が一番美しい季節に、私が宮路山と再会できたのは、山のほうでも、私が来るのを待ち受けてくれていたからなのだろう。)

ふと気づくと、山の麓に、竹が生《お》い茂っている場所があった。その篁《たかむら》の中に、隠れるように建っている、茅葺《かやぶ》きの小屋が一つ見える。私は、不思議な気持ちになった。「あの小屋にも、誰かが住んでいるのだろうが、何でまた、こんな所に、こんな儚《はかな》い家を作って住んでいるのだろうか。何をして生計を立てて暮らしているのだろうか」と思われた。

(阿仏)主《ぬし》や誰山《たれやま》の裾野《すその》に宿占《やどし》めて辺《あた》り寂《さび》しき竹《たけ》の一叢《ひとむら》

(あんな寂しい家に、どのような人物が住んでいるのだろうか。この山の麓を、自分が住む生活の本拠地にする決心をしたのは、どういう理由があったのだろうか。それにしても、このあたり一帯は、荒寥《こうりょう》とした竹林で、人が住むのに適しているとはとても思えないのだけれども。)

そうこうするうちに、日が完全に暮れてしまった。何が、どこにあるのかも、まったく見分けられなくなる頃、「渡津《わとうど》」という所に、今宵の宿を取った。

[評] この場面は、写本・版本によって、本文の異同が多い。「風《かぜ》につれなき所々《ところどころ》」を「風《かぜ》につれなき紅《くれなゐ》」、「物《もの》の文目《あやめ》も分《わ》かぬ程《ほど》」を「物《もの》の文目《あやめ》も分《わ》かる

程《ほど》」とする、などである。また、地名の「渡津《わたうど》」は、本書が底本とした「扶桑拾葉集」でも、「わたうど」の右に「わたらど」という注記がある。また、「わたど」とする本もある。『東関紀行』では「わたうづ」とある。

宮路山は、『更級日記』の上京の旅でも描かれている。「宮路《みやぢ》の山《やま》と言《い》ふ所《ところ》、越《こ》ゆる程《ほど》、十月晦日《かみなづきつごもり》なるに、紅葉散《もみぢち》らで盛《さか》りなり」とあり、「嵐《あらし》こそ吹《ふ》き来《こ》ざりけれ宮路山《みやぢやま》まだ紅葉葉《もみぢば》の散《ち》らで残《のこ》れる」という和歌が詠まれている。

ところで、「山本遠《やまもととほ》き原野《はらの》を分《わ》け行《ゆ》く」とある「原野《はらの》」は、古典文学ではあまり目にしない言葉である。『日本国語大辞典』によれば、「はらの」の用例として、阿仏尼の夫である藤原為家の「霜枯《しもがれ》の原野《はらの》に交《ま》じる伏櫟《ふしくぬぎ》世《よ》に傾《かし》げ行《ゆ》く我《わ》が身《み》なりけり」（『新撰和歌六帖』）が挙がっている。「伏櫟《ふしくぬぎ》」を詠んだ歌も、珍しい。阿仏尼の「原野」は、為家経由で知った言葉だった可能性もある。「傾《かし》げ行《ゆ》く」は、もしかしたら「悴《かじ》け行《ゆ》く」かもしれない。

御子左家の和歌の影響という点では、「主《ぬし》や誰山《たれやま》の裾野《すその》に宿占《やどし》めて辺《あた》り寂《さび》しき竹《たけ》の一叢《ひとむら》」の歌に用いられている「宿占《やどし》めて」という言葉は、為家の父・定家の家集『拾遺愚草《しゅういぐそう》』にも見える。「未《ま》だ知《し》らぬ山《やま》の彼方《あなた》に宿占《やどし》めて浮世隔《うきよへだ》つる雲《くも》かとも見《み》む」。

16　十月二十二日　渡津から引馬《ひくま》まで

二十二日《はつかあまりふつか》の暁《あかつき》、夜深《よぶか》き有明《ありあけ》の影《かげ》に、出《い》でて行《ゆ》く。何時《いつ》よりも、物悲《ものがな》し。

(阿仏)住《す》み《澄み》侘《わ》びて月《つき》の都《みやこ》を出《い》でしかど憂《う》き身離《みはな》れぬ有明《ありあけ》の影《かげ》

とぞ思《おも》ひ続《つづ》くる。供《とも》なる人《ひと》、「有明《ありあけ》の月《つき》さへ笠着《かさき》たり」と言《い》ふを、聞《き》きて、

(阿仏)旅人《たびびと》の同《おな》じ道《みち》にや出《い》でつらむ笠《かさ》《暈(かさ)》打《う》ち着《き》たる有明《ありあけ》の月《つき》

高師《たかし》の山《やま》も越《こ》えつ。海《うみ》見《み》ゆる程《ほど》、いと面白《おもしろ》し。浦風《うらかぜ》荒《あ》れて、松《まつ》の響《ひび》き凄《すご》く、波《なみ》、いと高《たか》し。

(阿仏)我《わ》が為《ため》や波《なみ》も高師《たかし》《高し》の浜《はま》ならむ袖《そで》の湊《みなと》の波《なみ》は休《やす》まで

いと白《しろ》き洲崎《すさき》に、黒《くろ》き鳥《とり》の群《む》れ居《ゐ》たるは、鵜《う》と言《い》ふ鳥《とり》なりけり。

(阿仏)白浜《しらはま》に墨《すみ》の色《いろ》なる島《しま》つ鳥筆《とりふで》の及《およ》ばば絵《ゑ》に描《か》きてまし

浜名《はまな》の橋《はし》より見渡《みわた》せば、鷗《かもめ》と言《い》ふ鳥《とり》、いと多《おほ》く飛《と》び違《ちが》ひて、水《みづ》の底《そこ》へも入《い》る。岩《いは》の上《うへ》にも居《ゐ》たり。

(阿仏)鷗《かもめ》居《ゐ》る洲崎《すさき》の岩《いは》も他所《よそ》ならず波《なみ》の掛《か》け越《こ》す袖《そで》に見慣《みな》れて《水慣(みな)れ》

今宵《こよひ》は、引馬《ひくま》の宿《しゆく》と言《い》ふ所《ところ》に止《とど》まる。此《こ》の所《ところ》の大方《おほかた》の名《な》をば、浜松《はままつ》とぞ言《い》ひし。親《した》しと言《い》ひし許《ばか》りの人々《ひとびと》なども、住《す》む所《ところ》なり。住《す》み来《こ》し人《ひと》の面影《おもかげ》も、様々《さまざま》思《おも》ひ出《い》でられて。

又《また》、巡《めぐ》り逢《あ》ひて見《み》つる命《いのち》の程《ほど》も、返《かへ》す返《がへ》す哀《あは》れなり。

(阿仏)浜松《はままつ》の変《か》はらぬ影《かげ》を訪《たづ》ね来《き》て見《み》し人無《ひとな》《波》みに昔《むかし》をぞ問《と》ふ

其《そ》の世《よ》に見《み》し人《ひと》の子《こ》、孫《むまご》など、呼《よ》び出《い》でて、あひしらふ。

[訳] 十月二十二日。旅の七日目である。今日は、遠江《とおとうみ》の国に入る予定である。暁のまだ暗い時間帯に、出発した。月の下旬なので、空には細い有明の月が懸かっている。それを見ると、むしょうに物悲しさを掻き立てられる。

私は神社や、国境になっている川や山を通り過ぎる際には、その土地を守っておられる神様たちに向かって、謹んで和歌を詠んで手向《たむ》けることにしているのだが、今朝は出発に際して歌を詠んだ。これは、月に向かって手向けた歌である。

(阿仏)住《す》み《澄み》侘《わ》びて月《つき》の都《みやこ》を出《い》でしかど憂《う》き身離《みはな》れぬ有明《ありあけ》の影《かげ》

(『源氏物語』の須磨《すま》の巻には、「見《み》るほどぞ暫《しば》し慰《なぐさ》む巡《めぐ》り逢《あ》はむ月《つき》の都《みやこ》は遥《はる》かなれども」という歌がある。須磨に滞在中の光る君が、都に残してきた人々を思う歌である。「月の都」は、都(平安京)のこと。お月様は、旅先でも、都でも、同じ顔を人々に見せてくれる。光る君は、都に留まっていても、政敵の右大臣や弘徽殿《こきでん》の女御《にょうご》たちに圧迫されるばかりなので、思い切って旅に出られた。私もまた、為氏殿との細川の庄の相続問題で、心穏やかではいられず、このまま都にいては状況の好転が望めないので、思い切って都を離れ、鎌倉へ向かっている。すると、都から私を慕って追いかけてきたものか、有明の月が空に懸かって、心配そうに私のことを眺めているではないか。お月様の目には、私がよほど辛《つら》そうに見えているのだろう。)

私がこんなことを考えていると、近くから声が聞こえた。お供として鎌倉への旅に同行してくれている、我が子の阿闍梨《あざり》の声のようだ。「おや、今朝の有明の月は、ぼんやり霞んで、『暈《かさ》』を被《かぶ》っている。お月様も、人間みたいに『笠《かさ》』を着ることがあるのだな」と口にしているのが、耳に入った。面白い言葉だったので、さらに一首。

(阿仏)旅人《たびびと》の同《おな》じ道《みち》にや出《い》でつらむ笠《かさ》《暈(かさ)》打《う》ち着《き》たる有明《ありあけ》の月《つき》

(旅人の私が通っている道と同じ道筋を、月も通っているのだろうか。いかにも旅支度《たびじたく》のように、「笠《かさ》=暈《かさ》」を被《かぶ》っている有明のお月様を見ると、そう思われてならない。)

三河の国と遠江の国との境である高師山《たかしやま》を越えた。山の頂から、南の方角を見ると、青い海が見えた。とても美しい風景だった。だが、実際に、海辺――高師の浜――まで下ってくると、また印象が変わった。浦風がひどく強く吹いているので、松風が轟々《ごうごう》と音を立てて鳴り響いている。風に煽《あお》られて、高い波が押し寄せている。

(阿仏)我《わ》が為《ため》や波《なみ》も高師《たかし》《高し》の浜《はま》ならむ袖《そで》の湊《みなと》の波《なみ》は休《やす》まで

(ここ「高《たか》」師《し》の浜で、その名前の通りに、波が「高《たか》」く押し寄せているのは、誰のせいでもなく、この私のせいである。私の心の中は、大きな悩みのために、波立っている。また、悲しみのあまりにこぼれる涙が、びっしょりと私の袖を濡らしている。『伊勢物語』第二十六段に、「思《おも》ほえず袖《そで》に湊《みなと》の騒《さわ》ぐかな唐土舟《もろこしぶね》の寄《よ》りしばかりに」という歌があるが、まさに私の袖は湊のようにびっしょりで、止《や》むことも無く、新たな涙の波が押し寄せてきている。）

高師の浜は、砂が真っ白で、美しい。その白い砂の上に、黒い鳥が群をなして下りてきていた。それは「鵜《う》」という鳥なのであった。白と黒の色彩の対照が、目にも鮮やかだったので、歌に詠んだ。

（阿仏）白浜《しらはま》に墨《すみ》の色《いろ》なる島《しま》つ鳥筆《とりふで》の及《およ》ばば絵《ゑ》に描《か》きてまし

（真っ白な砂の上に、墨のように真っ黒な鳥が群れている。水墨画でよく見る情景である。もしも、この私に画才があるのであれば、この素晴らしい姿を描き留めたいものだ。あの黒い鳥は「鵜《う》」であり、「憂《う》し＝辛《つら》い」という言葉を連想させる。私を苦しめている辛さも、この白い砂の力で浄化されたいものだ。）

さらに進んで、浜名川《はまながわ》に架かる浜名の橋を渡った。ここでは「鵜」ではなくて、「鷗《かもめ》」という鳥が、何羽いるのか数え切れないほどにたくさん、飛び違っていた。鷗は、空を飛んだり、水に浮かんでいるだけでなく、水の底へも潜《もぐ》っている。岩の上にも群れて羽を休めている。

（阿仏）鷗居《かもめゐ》る洲崎《すさき》の岩《いは》も他所《よそ》ならず波《なみ》の掛《か》け越《こ》す袖《そで》に見慣《みな》れて 水慣(みな)れ

（鷗には、自分の羽を休める場所を選ぶ自由がある。空の上にも、波の上にも、水の底にも、そして岩の上にもいる。その中で、私の目は、洲崎《すさき》の岩の上にいる鷗に注がれる。彼らが羽を休めている岩は、ほかならぬ私の袖のように濡れている。岩には波が押し寄せ、激しく打ち当たった飛沫《しぶき》は、岩を通り越してゆく。あの岩も、水に濡れるのに慣れている。そして、この私も自分の袖が涙に濡れている光景を見慣れている。鷗よ、私の袖にも宿ったら良い。)

この日の夜は、引馬《ひくま》という宿場に宿を取った。このあたり一帯は、「浜松《はままつ》」という言い方をする。この浜松には、私の親類たちが住んでいる。かつて『うたたね』という日記に書いたように、まだ若かった頃の私は、さる身分の高い殿方との恋に破れた。心傷ついた私は、遠江《とおとうみ》の国に所領のあった養父・平度繁《たいらののりしげ》殿の誘いで、この浜松に一箇月ほど滞在したことがあった。その養父や親族縁者の面影が心に浮かぶ。さまざまな記憶が蘇ってきて、懐かしくも、切ない。

それにつけても、数十年ぶりに、この浜松を訪れることになった私の運命も、考えれば考えるほど不思議なものだ。

(阿仏)浜松《はままつ》の変《か》はらぬ影《かげ》を訪《たづ》ね来《き》て見《み》し人《ひと》無《な》波みに昔《むかし》をぞ問《と》ふ

(この浜松への再訪は、何十年ぶりになるのだろうか。海辺の松の木は、昔と変わらぬ姿を見せているが、かつてお世話になった養父は、既にこの世の人ではない。松の木や、その根元に打ち寄せる波ばかりが、養父の思い出を語り合う仲間であるのは、いかにも寂しいことだ。）

『うたたね』の頃にお世話になった人々も、既にこの世の人ではない。その子どもたちや孫たちを呼び寄せては、何かと語り合った。

【評】［訳］にも書いたように、「月の都」という言葉は、『源氏物語』須磨の巻で、光源氏が都の人々を思って詠んだ、「見《み》る程《ほど》ぞ暫《しば》し慰《なぐさ》む巡《めぐ》り逢《あ》はむ月《つき》の都《みやこ》は遥《はる》かなれども」という歌を踏まえている。

「我《わ》が為《ため》や波《なみ》も高師《たかし》の浜《はま》ならむ袖《そで》の湊《みなと》の波《なみ》は休《やす》まで」の歌の第五句「なみはやすまて」は、「波囃《なみはや》すまで」とも読める。ここでは、「波《なみ》は休《やす》まで」として解釈した。

高師の浜での、白い洲に、黒い鳥が群れる情景は、印象的である。宇治十帖の浮舟の巻に、「かささぎ」あるいは「さぎ」が登場する場面がある。「山《やま》の方《かた》は霞《かす》みて、寒《さむ》き洲崎《すさき》に立《た》てる鵲《かささぎ》の姿《すがた》も、所《ところ》からは、いとをかしう見《み》渡《わた》さるるに」。この「鵲《かささぎ》」を「鷺《さぎ》」とする本文があるのだ。「鵲」だと「烏鵲《うじゃく》」という言葉があるように、黒い鳥である。一方、鷺は、白い鳥である。浮舟の巻の表現は、『和漢朗詠集』の「寒汀《かんてい》に鷺立てり」を踏まえている。

高師の浜の「白浜《しらはま》に墨《すみ》の色《いろ》なる島《しま》つ鳥筆《とりふで》の及《およ》ばば絵《ゑ》に描《か》きてまし」、浜名の橋の「鴎居《かもめゐ》る洲崎《すさき》の岩《いは》も他所《よそ》ならず波《なみ》の掛《か》け越《こ》す袖《そで》に見慣《みな》れて」という歌を読むと、私は平福百穂《ひらふくひゃくすい》『荒磯《ありそ》』という絵の右隻《うせき》を連想する。「沖縄国際海洋博覧会」記念切手（一九七四年）の図案にもなっている。また、歴史小説家・葉室麟《はむろりん》の最晩年の名作『影ぞ恋しき』の単行本の表紙デザインにもなっている。

「白浜《しらはま》に墨《すみ》の色《いろ》なる島《しま》つ鳥《とり》」の歌は、『玉葉和歌集』に撰ばれている。

浜松は、『うたたね』で作者が訪れた懐かしい土地である。「引馬」は、「ひくま」「ひきま」両方に読み、『十六夜日記』のさまざまな写本や版本でも「ひくま」「ひきま」両方に表記されている。

17　十月二十三日　引馬から見附まで

二十三日《はつかあまりみか》、「天龍《てんりゆう》の渡《わた》り」と言《い》ふ。舟《ふね》に乗《の》るに、西行《さいぎやう》が昔《むかし》も思《おも》ひ出《い》でられて、いと心細《こころぼそ》し。組《く》み合《あ》はせたる舟《ふね》、唯一《ただひと》つにて、多《おほ》くの人《ひと》の往《ゆ》き来《き》に、差《さ》し帰《かへ》る隙《ひま》も無《な》し。

（阿仏）水《みづ》の泡《あわ》の浮《う》き《憂き》世《よ》を渡《わた》る程《ほど》を見《み》よ早瀬《はやせ》の小舟棹《をぶねさを》も休《やす》めず

今宵《こよひ》は、遠江《とほつあふみ》、見附《みつけ》の里《さと》と言《い》ふ所《ところ》に止《とど》まる。里《さと》荒《あ》れて、物恐《ものおそ》ろし。傍《かたは》らに、水《みづ》の井《ゐ》有《あ》り。

（阿仏）誰《たれ》か来《き》て見附《みつけ》《見付け》の里《さと》と聞《き》くからにいとど旅寝《たびね》ぞ空恐《そらおそ》ろしき

【訳】　十月二十三日、旅の八日目である。懐かしい引馬《ひくま》を発《た》って、さらに東へと向かう。ここから先は、私自身にとって初めての土地となる。大きな川があって、渡し場になっている。人々は、「ここが天龍《てんりゆう》の渡りです」と言っている。天龍川は、「天中川《てんちゆうがわ》」とも言うらしい。天龍川の渡し場と言えば、西行法師の故事が思い出される。北面《ほくめん》の武士として鳥羽院に仕えていた佐藤義清《のりきよ》は突然に出家して、西行と名告《なの》り、陸奥《みちのく》を目指して旅立った。ここの渡し場で、乱暴な武士から、「この舟を下りよ」と命じられても動かなかったところ、鞭《むち》で激しく打擲《ちょうちゃく》された。西行は、いっさい抵抗せず、黙って舟から下りた。旅に同行していた西住《さいじゅう》が、それを見て、泣いて悲しんだ。すると、西行は西住に向かって、「この程度の忍耐ができなくて、どうしてこれから永い修行の旅ができようぞ」と言い、都に戻れと命じたのである。

　女性である私に対しては、まさか、そんな意地悪な振る舞いをする人はいないだろうと思う反面で、さまざまな階層の人々が密集する渡し場は、何が起きるかわからず、やはり不安である。私が乗り込む舟というのは、何艘かの舟を一つに組み合わせたものが、ただ一艘だけあって、その一艘しかない舟が、何度も川を往復していた。こちらから川向こうへ行く人も、川向こうからこちらへ来る人も、どちらも混雑しているので、舟は着いたと思ったらすぐに漕ぎ返す忙《せわ》しなさだった。

（阿仏）水《みづ》の泡《あわ》の浮《う》き《憂き》世《よ》を渡《わた》る程《ほど》を見《み》よ早瀬《はやせ》の小舟棹《をぶねさを》も休《やす》めず

（はかないものの代名詞でもある泡は、結んだかと思えば、すぐに消えてしまう。そんな泡が、ほんの短い間、浮かんでいるのが、水の上である。人もまた、短い寿命の間だけ、つらい「浮き世＝憂き世」を、せわしなく生きている。ほら、あの小舟は、流れの速い天龍川に浮かんで、忙しく、休むこともなく行ったり来たりしている。その姿は、まるで私たちの人生の姿のようではないか。）

この夜は、遠江《とおとうみ》の国の国衙《こくが》（国府《こくふ》）のある見附《みつけ》（見付）の里という所に泊まった。国府があると言うから、どんなに賑やかな所だろうかという私の予想は、完全にはずれた。里は、あたり一帯が荒廃していて、むしょうに恐ろしさを感じた。宿のそばに、水の湧く井戸があった。

（阿仏）誰《たれ》か来《き》て見附《みつけ》の里《さと》と聞《き》くからにいとど旅寝《たびね》ぞ空恐《そらおそ》ろしき

（人間がどんなに隠れていても、何物かがやって来て見付けるという意味の「見附」の里で夜を明かすことは、むしょうに恐ろしくてたまらない。井戸からは水が溢れ出てくるが、私の心の奥底からも、恐怖心が次から次へと湧きだしてくる。）

［評］　この日の日程が、距離的にあまり進んでいないのは、前夜の楽しい歓談のために、出発時刻が遅くなったためでもあろうか。それとも、天龍川（天中川）の渡しで時間が取られたのか。

「見附《みつけ》の里《さと》」には「国府《こくふ》」があったので、本文を「見附《みつけ》の国府《こふ》」とする写本もある。

『枕草子』の「里は」の段には、残念ながら見附の里は出てこない。また、この里にあったという「水の井《みづゐ》」は、やや不自然な表現なので、本文を「水の江《みづえ》」とする写本がある。なお、『枕草子』の「井は」の段にも、「水の井」は出てこない。

鎌倉時代の東海道の旅の記録である『東関紀行』では、「遠江の国府」の「今の浦」に着いた、と書かれている。舟が浦を漕ぐ風景も点描されている。もし、『うたたね』も「水の江」であるならば、夜の入海《いりうみ》の気配が恐ろしかった、ということだろうか。

『夫木和歌抄』に、「弘安三年稲荷社百首」という詞書と、「安嘉門院四条」という作者名で、「然《さ》のみなど鷗《かもめ》群《む》れ居《ゐ》る水《みづ》の江《え》に跡《あと》も無《な》き名の立《た》ち騒《さわ》ぐらむ」という歌が載っている。

18　十月二十四日　見附から菊川まで

二十四日《はつかあまりよか》、昼《ひる》に成《な》りて、小夜《さや》の中山《なかやま》越《こ》ゆ。「事任《ことのまま》」とかや言《い》ふ社《やしろ》の程《ほど》も、道《みち》、いと面白《おもしろ》し。山陰《やまかげ》にて、嵐《あらし》も及《およ》ばぬなンめり。深《ふか》く入《い》るままに、遠近《をちこち》の峰《みね》続《つづ》き、異山《ことやま》に似《に》ず、心細《こころぼそ》く、哀《あは》れなり。麓《ふもと》の里《さと》に、菊川《きくがは》と言《い》ふ所《ところ》に止《とど》まる。

（阿仏）越《こ》え暮《く》らす麓《ふもと》の里《さと》の夕闇《ゆふやみ》に松風《まつかぜ》送《おく》る小夜《さよ》の中山《なかやま》

暁《あかつき》、起《お》きて見《み》れば、月《つき》も出《い》でにけり。

（阿仏）雲《くも》懸《か》かる小夜《さや》の中山《なかやま》越《こ》えぬとは都《みやこ》に告《つ》げよ有明《ありあけ》の月《つき》

川音《かはおと》、いと凄《すご》し。

（阿仏）渡《わた》らむと思《おも》ひや掛《か》けし東路《あづまぢ》に有《あ》りと許《ばか》りは《聞く》菊川《きくがは》の水《みづ》

［訳］　夜が明けて、十月二十四日。旅の九日目である。見附《みつけ》を発って、旅を続ける。この日の昼頃に、『古今和歌集』以来、有名な歌枕である「小夜《さや》の中山《なかやま》」に差しかかった。「さ

よのなかやま」とも言う。ここを越え切るのは、一日がかりとなる。

まず、「事任《ことのまま》」とかいう、珍しい名前の神社を通った。ここが、小夜の中山の西側の登り口となる。『枕草子』の「社《やしろ》は」という章段の中でも言及があり、由緒ある神社である。

その付近の道は、とても趣深かった。まだ紅葉が見られたのである。この社《やしろ》のあたりは山の陰《かげ》になっているので、嵐が強くは吹かず、そのために紅葉が今までも散らずに残っていたのだろう。

そこから、深く山に入ってゆくと、遠くにも近くにも、峰が、ずっと続いている。これが「小夜の中山《なかやま》」である。『古今栄雅抄《えいがしょう》』などが記すように、「中山」を濁って「長山《ながやま》」と言うことがあるのは、峰がいくつも連続しているからなのだ。なるほど、これまで通ってきた山の景色とは、違っている。そのためか、不安が頭を擡《もた》げてきて、胸が締めつけられそうになった。

やっとのことで、小夜の中山を越え終わった。この夜は、東側の麓にある菊川《きくがわ》という所で泊まった。

（阿仏）越《こ》え暮《く》らす麓《ふもと》の里《さと》の夕闇《ゆふやみ》に松風送《まつかぜおく》る小夜《さよ》の中山《なかやま》

（まる一日を掛けて、やっと、小夜の中山を越えてきた。麓にある菊川の里に宿を取ったけれども、暗闇の中に松風の音が聞こえている。越えてきた小夜の中山のほうから、松風が吹き送られてくるのだろう。）

暁に、目を覚ますと、月が出ていた。その月を見るにつけても、都のことが思い出されてならない。

（阿仏）雲懸《くもか》かる小夜《さや》の中山越《なかやまこ》えぬとは都《みやこ》に告《つ》げよ有明《ありあけ》の月《つき》

（東海道の難所の一つとされる小夜の中山は、山腹に雲が懸かるほどの高山である。空に懸かる有明の月よ、険しい小夜の中山を、私が無事に越えたことを、都に残した人々に伝えてほしい。）

菊川の流れの音を聞いているうちに、私は感傷的になり、むしょうに寂しくなった。

（阿仏）渡《わた》らむと思《おも》ひや掛《か》けし東路《あづまち》に有《あ》りと許《ばか》りは菊川《きくがは》《聞く》の水《みづ》

（この菊川は、承久の乱に敗れた藤原宗行《むねゆき》卿が、鎌倉に護送される途中で斬《き》られたと伝えられる場所である。そのことは私も聞いていたので、東路のどこかに菊川という所があることは、かねてから知ってはいた。けれども、この自分自身が、菊川を渡ることがあろうとは、夢にも思わなかったことだ。私は何としても生きて鎌倉に着き、目的を達したい。）

［評］「程《ほど》も、道《みち》、いと面白《おもしろ》し」（ほともみちいとおもしろし）は、「程《ほど》、紅葉《もみち》、いと面白《おもしろ》し」とも読める。

『十六夜日記』では、「さやのなかやま」「さよのなかやま」、両方に読まれている。

「事任《ことのまま》神社」は、清和源氏の棟梁・源頼義《よりよし》が石清水八幡宮を当地に勧請《かんじょう》している。これから鎌倉幕府の公平な裁判を願う阿仏尼にとって、源氏ゆかりの事任神社は、参詣する十分過ぎる理由があった。

「菊川」は、「きくがわ」「きくかわ」、両方に読む。

『古今著聞集《ここんちょもんじゅう》』によれば、阿仏尼が触れている藤原宗行は、漢詩で辞世を遺した。中国の菊慈童《きくじどう》は、菊の露を飲んで不老不死を得たが、自分は、菊川の宿で命を終わる。なお、『吾妻鏡《あづまかがみ》』では、浮島《うきしま》が原を過ぎて、藍沢原《あいざわがはら》（現在の御殿場市）で斬《き》られている。

昔南陽県菊水　汲下流而延齢

昔　南陽県の菊水　下流に汲んで　齢を延ぶ

今東海道菊河　宿西岸而終命

今　東海道の菊河　西岸に宿りて　命を終ふ

実に、対句が見事である。「宿西岸」を「於西岸」とする本文もあるが、対句的には「宿西岸」の方がよいと思う。

阿仏尼の後になるが、鎌倉時代末期、後醍醐天皇の側近だった日野（藤原）俊《とし》基《もと》は、捕らえられて鎌倉に護送される際に、菊川で、藤原宗行を追悼する和歌を詠んだ。

古《いにしへ》も斯《か》かる例《ためし》を菊川《きくがは》《開く》の同《おな》じ流《なが》れに身《み》をや沈《しづ》めむ　（『太平記』）

日野俊基にとって、かつての宗行の処刑は、明日の我が身であった。その俊基は、鎌倉の化粧坂《けわいざか》で斬られた。「古来一句　無死無生　万里雲尽　長江水清」が辞世の偈《げ》だと伝えられる。

19　十月二十五日　菊川から手越《てごし》まで

二十五日《はつかあまりいつか》、菊川《きくがは》を出《い》でて、今日《けふ》は、大井川《おほゐがは》と言《い》ふ川《かは》を渡《わた》る。水《みづ》、いと浅《あ》せて、聞《き》きしには違《たが》ひて、煩《わづら》ひ無《な》し。河原幾里《かはらいくり》とかや、いと遥《はる》かなり。水《みづ》の出《い》でたらむ面影《おもかげ》、推《お》し量《はか》らる。

（阿仏）思《おも》ひ出《い》づる都《みやこ》の事《こと》は大井川幾瀬《おほゐがはいくせ》の石《いし》の数《かず》も及《およ》ばじ

多し

宇津《うつ》の山《やま》越《こ》ゆる程《ほど》にしも、阿闍梨《あざり》の見知《みし》りたる山伏《やまぶし》、行《ゆ》き合《あ》ひたり。「夢《ゆめ》にも人《ひと》を」など、昔《むかし》を態《わざ》と真似《まね》びたらむ心地《ここち》して、いと珍《めづら》かに、をかしくも、哀《あは》れにも、優《やさ》しくも覚《おぼ》ゆ。

（山伏）「急《いそ》ぐ道《みち》なり」と言《い》へば、文《ふみ》も、数多《あまた》は、え書《か》かず。唯《ただ》、止事無《やんごとな》き所《ところ》一《ひと》つにぞ、音《おと》信《づ》れ聞《き》こゆる。

（阿仏）我《わ》が心現《こころうつつ》とも無《な》し宇津《うつ》の山夢《やまゆめ》にも遠《とほ》き昔恋《むかしこ》ふとて

（阿仏）蔦楓時雨《つたかへでしぐ》れぬ隙《ひま》も宇津《うつ》の山涙《やまなみだ》に袖《そで》の色《いろ》ぞ焦《こ》がるる

今宵《こよひ》は、手越《てごし》と言《い》ふ所《ところ》に止《とど》まる。何某《なにがし》の僧正《そうじやう》とかやの上《のぼ》るとて、いと人《ひと》繁《しげ》し。宿《やど》、借《か》り兼《か》ねたりつれど、さすがに、人《ひと》の無《な》き宿《やど》も有《あ》りけり。

［訳］　十月二十五日、旅に出てから十日目となった。今日は、駿河《するが》の国に入る。まず、遠江の国と駿河の国の境を流れる大井川《おおいがわ》という川を渡った。前もって聞いていた知識では、水量の多い大河だという話だったのだが、見ると聞くでは大違いで、水量は極端に少なかった。「渡るのが大変ですよ」と、何人もの人から驚かされて、ひどく心配していたのだが、何のこともなく、簡単に渡河《とか》できた。

ただし、この大井川の河原は、いったい何里《なんり》続いているのかわからないほど、遥か遠くまで続いていた。もしも、ここが、今のような冬の渇水期ではなく、大雨が降って氾濫《はんらん》するような時期には、どのような光景になるのだろうか。その危険な光景が、私にもありありと想像できた。

（阿仏）思《おも》ひ出《い》づる都《みやこ》の事《こと》は大井川《おほゐがは》《多し》幾瀬《いくせ》の石《いし》の数《かず》も及《およ》ばじ

（私は、いよいよ駿河の国に足を踏み入れる。都からは、本当に遠くまで来たものだ。恋しい都での出来事を、私は数えきれないほどにたくさん思い出す。その思い出の数は、この広大な大井川の、幾筋もの浅い流れに転《ころ》がっている石の多さを、はるかに凌駕《りょうが》していることだろう。）

そのあと、『伊勢物語』の第九段（東下り）で有名な宇津《うつ》の山《やま》を越えている最中に、まるで誂《あつら》えたかのような奇蹟が起きたのには驚かされた。私の今回の鎌倉下向の旅に同行してくれている、息子の阿闍梨《あざり》が、たまたま宇津の山の「蔦《つた》の細道《ほそみち》」で、都へ上る途中の顔見知りの山伏と出会ったのである。

『伊勢物語』の第九段では、業平の東下りが描かれているが、蔦《つた》と楓《かえで》が生い茂る宇津の山の「蔦《つた》の細道」で、一人の「修行者《すぎやうざ》」と出会った。何と、彼は業平の「見《み》し人《ひと》」（見知った人）であったと言う。都へと向かう修行者に、業平は都に残して来た人への手紙を託して、別れたのだった。それが、「駿河《するが》なる宇津《うつ》の山辺《やまべ》の現《うつつ》にも夢《ゆめ》にも人《ひと》に逢《あ》はぬなりけり」という名歌である。

『伊勢物語』の昔が、今、ここで私の眼前で忠実に再現されたのは、まことに稀有《けう》のことである。めったにない偶然を、私は面白く、悲しく、そして雅《みや》びなことにも思った。業平と同じように、私も山伏に、都への手紙を託した。何人もの人たちに手紙を書きたいのだけれども、「文使い」の役目の山伏は、「先を急ぎますので、早く手紙を書き終えてください」と催促するので、そんなにはたくさん書けなかった。ただ一通、子どもたちの中で、最も高貴な立場にいらっしゃる我が娘——後深草院の姫宮をお生み申し上げられたお方

――にだけ、お便りを差し上げた。

(阿仏)我《わ》が心現《こころうつつ》とも無《な》し宇津《うつ》の山夢《やまゆめ》にも遠《とほ》き昔恋《むかしこ》ふとて

(こうして旅をしていても、あなたたちと一緒に、都で楽しく暮らしていた昔が、恋しくてなりません。旅に出てから、たった十日しか経《た》っていないのに、その楽しかった昔のことは、夢の中で見ることもむずかしく、我が身は都から遠ざかる一方です。とても、現実《うつつ》に自分が生きているという実感が持てず、長い夢を見ているような気持ちです。)

この歌への返事を受け取るのは、鎌倉に着いた後のことだろう。私は歌を書き記しているうちに、こみ上げてくる感情があったので、さらにもう一首、書き記した。

(阿仏)蔦楓時雨《つたかへでしぐ》れぬ隙《ひま》も宇津《うつ》《打つ》の山涙《やまなみだ》に袖《そで》の色《いろ》ぞ焦《こ》がるる

(かつて在原業平が蔦の細道を通ったのは、初夏のことだったので、蔦や楓は青葉だったことでしょう。今、私は初冬の季節に旅をして、蔦の細道に差しかかりました。時折、空から降る時雨が、蔦や楓の葉を赤く染めています。今、この瞬間は時雨は降っていないのですが、都に残っているあなたたちのことを思うと、私の心は塗炭《とたん》の苦しみで火傷《やけど》しそうになり、目から真っ赤な血の涙――紅涙《こうるい》――がこぼれて、私の袖を茶褐色に染めてしまうのです。)

山伏と別れた後も、東へと旅を続け、今宵は手越《てごし》という所で泊まった。たまたま、その日は、名前はあえてここに書き記さないけれども、さる僧正が都に上るために、当地に滞在していて、人が多く、ごった返していた。そのため、宿がなかなか見つからなかったのだが、さすがに、全部の宿が満員ということはなく、何とか私たち一行が宿泊できる宿を見つけることができた。

［評］　この日の眼目は、二つある。一つは、大井川の石。もう一つは、宇津の山での奇遇《きぐう》。

宇津の山の「蔦の細道」は、現在、復元・整備がなされている。私も歩いたことがある。「蝮《まむし》が出没するらしい」という噂も聞いたが、無事だった。まず、東海道を下る旅人の心境を理解するために、西側から東側へと峠を越えた。そして、直ちに、同じ道を引き返して、東国から都へ向かう旅人の心を我が物とした。同行してくれた伏見達也氏には心から感謝している。

阿仏尼の歌の「遠《とほ》き昔恋《むかしこ》ふとて」を、「遠《とほ》き都恋《みやここ》ふとて」とする本文もある。「昔」だと、業平の東下りの「昔」なのか、都で十日前まで子どもたちと一緒に暮らしていた「昔」なのか、両方に取れるが、後者で訳を付けた。

大井川は、建築業界では現代でも、砂利や川砂が多いことで知られる。藤原信実《のぶざね》の「弘長元年百首」(一二六一)に、「大井川《おほゐがは》井堰《ゐせき》の石《いし》を君《きみ》がため拾《ひろ》ひかくるは千代《ちよ》の数《かず》かも」という歌がある。この歌の作者の信実も、御子左家と関わっている。信実の父は、肖像画の名手として知られる隆信《たかのぶ》。隆信の母は、美福門《びふくもん》院加賀《いんかが》。この美福門院加賀は、後に藤原俊成と再婚して、定家を生んでいる。

阿仏尼が大井川で詠んだ歌は、井原西鶴の『一目玉鉾《ひとめたまぼこ》』にも引用されている。大井川の挿絵もあり、大量の水が漫々《まんまん》と流れている。

大井川《おほゐがは》　そもそも、この川《かは》、日本第一《にっぽんだいいち》の流《なが》れ、北《きた》の諸山《しょざん》より一《ひと》つに落《お》ち合《あ》ひ、不断《ふだん》に濁《にご》りて、波荒《なみあら》く、底《そこ》は栗石《くりいし》、苔《こけ》止《や》む事無《ことな》し。南《みなみ》に、海近《うみちか》し。高水《たかみづ》に、渡《わた》るべき所《ところ》にあらず。常《つね》にも、川越《かはごし》なくては及《およ》び難《がた》し。東海道一《とうかいだうひと》つの難所《なんしょ》なり。

思《おも》ひ出《い》づる都《みやこ》の事《こと》は大井川幾瀬《おほゐがはいくせ》の石《いし》の数《かず》も及《およ》ばじ

これは、『一目玉鉾』巻二の巻末部分である。巻三の冒頭にも、短い言及がある。

大堰川《おほゐがは》は、駿河《するが》・遠江《とほたうみ》の国境《くにざかひ》なり。是《これ》より、山道《やまみち》険《けは》し。

『一目玉鉾』は、東海道を東から西へと向かっているのである。阿仏尼の歌が引用されているのは、『十六夜日記』が江戸時代に広く読まれていたことを物語っている。

20　十月二十六日　手越から「波の上」まで

二十六日《はつかあまりむいか》、藁科川《わらしながは》とかや渡《わた》りて、興津《おきつ》の浜《はま》に打《う》ち出《い》づ。（藤原定家）「泣《な》く泣《な》く出《い》でし跡《あと》の月影《つきかげ》」など、先《ま》づ、思《おも》ひ出《い》でらる。昼《ひる》、立《た》ち入《い》りたる所《ところ》に、賤《あや》しき黄楊《つげ》の小枕《をまくら》有《あ》り。いと苦《くる》しければ、打《う》ち臥《ふ》したるに、硯《すずり》も見《み》ゆれば、枕《まくら》の障子《しやうじ》に、臥《ふ》しながら書《か》き付《つ》けつ。

（阿仏）等閑《なほざり》に見《み》る目《め》《海松布(みるめ)》許《ばか》りを仮枕結《かりまくらむす》《借り》び置《お》きつ《興津》と人《ひと》に語《かた》るな

暮《く》れ掛《か》かる程《ほど》、清見《きよみ》が関《せき》を過《す》ぐ。岩越《いはこ》す波《なみ》の、白《しろ》き衣《きぬ》を打《う》ち着《き》する様《やう》に見《み》ゆる、いとをかし。

（阿仏）清見潟《きよみがた》年《とし》経《ふ》る岩《いは》に言問《ことと》はむ波《なみ》の濡《ぬ》れ衣《ぎぬ》幾重《いくかさ》ね着《き》つ

程無《ほどな》く暮《く》れて、其《そ》の辺《わた》りの、海近《うみちか》き里《さと》に止《とど》まりぬ。浦人《うらびと》の仕業《しわざ》にや、隣《となり》より燻《くゆ》り掛《か》かる煙《けぶり》、いと難《むつか》しき臭《にほ》ひなれば、（白楽天）「夜《よる》の宿《やど》、腥《なまぐさ》し」と言《い》ひける人《ひと》の言葉《ことば》も、思《おも》ひ出《い》でらる。

夜《よ》もすがら、風《かぜ》いと荒《あ》れて、波《なみ》、唯《ただ》、枕《まくら》の上《うへ》に立《た》ち騒《さわ》ぐ。

（阿仏）慣《な》らはずよ他所《よそ》に聞《き》き来《こ》し清見潟荒磯波《きよみがたあらいそなみ》の掛《か》かる《斯かる》寝覚《ねざめ》は

富士《ふじ》の山《やま》を見《み》れば、煙《けぶり》も立《た》たず。昔《むかし》、養父《ちち》の朝臣《あそん》に誘《さそ》はれて、（阿仏）「如何《いか》に鳴海《なるみ》の浦《うら》なれば」など詠《よ》みし頃《ころ》、遠江《とほつあふみ》の国《くに》までは見《み》しかば、富士《ふじ》の煙《けぶり》の末《すゑ》も、朝夕《あさゆふ》、確《たし》かに見《み》えしものを、（阿仏）「何時《いつ》の年《とし》よりか、絶《た》えし」と問《と》へば、定《さだ》かに答《こた》ふる人《ひと》だに無《な》し。

（阿仏）誰《た》が方《かた》に靡《なび》き果《は》ててか富士《ふじ》の嶺《ね》の煙《けぶり》の末《すゑ》の見《み》えず成《な》るらむ

『古今《こきん》』の序《じよ》の言葉《ことば》まで、思《おも》ひ出《い》でられて、

（阿仏）何時《いつ》の世《よ》の麓《ふもと》の塵《ちり》か富士《ふじ》の嶺《ね》を雪《ゆき》さへ高《たか》き山《やま》と成《な》しけむ

（阿仏）朽《く》ち果《は》てし長柄《ながら》の橋《はし》を作《つく》らばや富士《ふじ》の煙《けぶり》も立《た》たず成《な》りなば

今宵《こよひ》は、波《なみ》の上《うへ》と言《い》ふ所《ところ》に宿《やど》りて、荒《あ》れたる音《おと》、更《さら》に、目《め》も合《あ》はず。

［訳］　明けて、十月二十六日。旅の十一日目である。

まず、藁科川《わらしながわ》（安倍川《あべかわ》）とかいう川を渡った。興津《おきつ》の浜《はま》に出た。亡き為家殿の父君である藤原定家卿が、「言問《ことと》へよ思《おも》ひ置《お》きつ《興津》の浜千鳥《はまちどり》泣《な》く泣く出《い》でし跡《あと》の月影《つきかげ》」（『新古今和歌集』）という和歌を詠まれたことが、思い出される。

昼、立ち寄って休憩した家に、小さな黄楊《つげ》の枕が置いてあった。粗末で、いかにも田舎じみた枕だったが、私はひどく疲れていたので、暫《しば》し、その枕を借りて横になった。傍《かたわ》らに硯も見えたので、枕元の衝立障子《ついたてしょうじ》に、横になった姿勢のままで歌を書き付けた。

（阿仏）等閑《なほざり》に見《み》る目《め》《海松布（みるめ）》許《ばか》りを仮《借り》枕結《かりまくらむす》び置《お》きつ《興津》と人《ひと》に語《かた》るな

（私が、ほんの少しの間だけ、仮初《かりそ》めの夢——懐かしい都の夢——を見るために借りた小《お》枕《まくら》よ。お前は「黄楊《つげ》」で出来ているから、誰かに私の秘密を「告《つ》げ」る習性があるのではないか。でも、間違っても、私がこの興津《おきつ》で横になって、誰か別の男性と契りを結んでいたなどと、いい加減な嘘を言いふらしてはいけないよ。）

この歌は、定家卿の「思《おも》ひ置《お》きつ」を、「結《むす》び置《お》きつ」に転じたのが最大の工夫である。また、式子《しきし》内親王の、「我《わ》が恋《こひ》《興津》は知《し》る人《ひと》も無《な》し堰《せ》《興津》く床《とこ》の涙《なみだ》漏《も》らすな黄楊《つげ》《告げ》の小枕《をまくら》」（『新古今和歌集』）という和歌をも踏まえている。黄楊の小枕を用いて横になった気持ちを、戯れに詠んでみたのである。

暗くなり始めた頃に、清見《きよみ》が関《せき》を通り過ぎた。岩にぶつかって高く舞い上がり、岩を越えてゆく白い波しぶきが見えた。まるで、岩の表面に、白い衣《きぬ》を着せかけているように見えるのが、面白かった。むろん、その衣は、水で濡れている。これぞ、まさに「濡《ぬ》れ衣《ぎぬ》」である。

そこで、一首。今日は気分が良いのか、軽い戯れの歌が口をついて出てくるのが、不思議である。

（阿仏）清見潟《きよみがた》年《とし》経《ふ》る岩《いは》に言《こと》問《と》はむ波《なみ》の濡《ぬ》れ衣《ぎぬ》幾重《いくかさ》ね着《き》つ

（清見潟には、悠久の昔からここにあったであろうと思われる、古い岩がある。岩よ、お前に、ぜひとも尋ねたいことがある。波が一回、押し寄せてくると、一枚、白い濡れ衣を着せられる。悠久の昔から、お前は、いったい何枚くらいの濡れ衣を着せられて、あらぬ噂に苦しめられた経験があるのかい。この私も、為氏殿たちに、あらぬ噂を立てられて苦しんでいるから、お前の苦しみが少しはわかるのさ。）

それからまもなくして、日が暮れたので、清見潟近くの海辺の里で宿を取った。海人《あま》たちが魚を燃やしているのであろうか、煙が隣家から漂ってきた。その煙の臭いが、何とも生理的な嫌悪感を私に催させた。白楽天の『縛戎人《ばくじゅうじん》』という漢詩に、「夜《よる》の宿腥臊《やどせいさう》として牀席《しやうせき》を汚《けが》す」とあることまでが思い出された。

夜通し、風が激しく吹いて、波音も高く、波がすぐ枕の上まで押し寄せるような響きを立てていた。『源氏物語』須磨《すま》の巻で、光る君が、「唯《ただ》、此処許《ここもと》に立《た》ち来《く》る心地《ここち》」と感じたのも、こういう波音だったのだろうかと思われた。

（阿仏）慣《な》らはずよ他所《よそ》に聞《き》き来《こ》し清見潟荒磯波《きよみがたあらいそなみ》の掛《か》かる《斯かる》寝覚《ねざめ》は

（これまで都にいる時には、「清見潟」と聞くと、都から遠くにある、眺めの美しい場所というイメージしかなかったが、実際に来てみると、荒磯から聞こえてくる耳慣れない波の音が高くて、枕に掛かるかと思われるくらいで、その都度《つど》、目が覚めてしまうことだ。）

私は寝付けないままに、今日一日の駿河路の旅を思い出していた。

富士山には、何と、噴煙が見えなかったのだった。昔、若かった頃の私が、命を賭けた恋に破れて、養父である平度繁《たいらののりしげ》殿の誘いで、遠江の国の浜松まで下って来て、一月《ひとつき》ばかり暮らしたことがあった。『うたたね』という日記で、「此《これ》や然《さ》は如何《いか》に鳴海《なるみ》の浦《うら》なれば思《おも》ふ方《かた》には遠離《とほざか》るらむ」などという歌を詠んだ時である。この歌は、亡き夫である為家殿が『続古今和歌集』に撰んでくれた。

その時は、遠江の国までの旅だったので、駿河の国には足を踏み入れてはいない。けれども、遠江の国の浜松からでも、富士山の偉容は、はっきりと見えた。朝な夕なに、私は毎日、富士の山の煙を眺めながら過ごしたものだった。「富士の煙《けぶり》」は、私自身の確かな記憶の中にある。失恋の痛みの炎である。

ところが、今回、久しぶりに東下りしてみたら、驚くべきことに、富士の頂からは噴煙がまったく立ち上《のぼ》っていなかったのである。これは、どうしたことだろうか。地元の人に、「一体、いつ頃から、富士の煙が立たなくなったのか」と尋ねたところ、皆、一様に、首をかしげるばかりで、はっきりと答えられる人はいなかった。私のように、数十年ぶりに富士の山を見れば、大きな変化に気づくけれども、毎日毎日、眺め続けていれば、たとえ大きな変化であっても気づかないもののようだ。

(阿仏)誰《た》が方《かた》に靡《なび》き果《は》ててか富士《ふじ》の嶺《ね》の煙《けぶり》の末《すゑ》の見《み》えず成《な》るらむ

（和歌の聖典である『古今和歌集』の仮名序《かなじょ》には、「富士《ふじ》の煙《けぶり》に比《よそ》へて人《ひと》を恋《こ》ひ」とある。その富士の煙が、現在は絶えている。富士の嶺《ね》は、自らの恋心のすべてを、恋人に捧げ尽くし、恋心を燃やし尽くしてしまったのだろうか。その恋人とは、いったい誰だったのだろう。）

『古今和歌集』の仮名序には、また、「高《たか》き山《やま》も、麓《ふもと》の塵泥《ちりひぢ》より成《な》りて、天雲棚引《あまぐもたなび》くまで生《お》ひ昇《のぼ》れる如《ごと》くに、此《こ》の歌《うた》も、斯《か》くの如《ごと》く成《な》るべし」とも書かれている。そのことを思い出して、もう一首。

（阿仏）何時《いつ》の世《よ》の麓《ふもと》の塵《ちり》か富士《ふじ》の嶺《ね》を雪《ゆき》さへ高《たか》き山《やま》と成《な》しけむ

（いったい、どのような昔から、塵が少しずつ積もってゆけば、富士の嶺をこれほどまでに高い山にすることができたのだろうか。雪までが、あんなに高い所にうず高く積もっていることよ。俊成卿・定家卿・為家殿と、代々にわたって積み上げてこられた崇高な歌の道を、私は何としても為相たちの子孫に伝えなければならない。）

さらに、『古今和歌集』の仮名序には、「今《いま》は、富士《ふじ》の山《やま》も、煙《けぶり》立《た》たずなり、長柄《ながら》の橋《はし》も尽《つ》くるなり」ともある。そのことも、歌に詠んだ。

（阿仏）朽《く》ち果《は》てし長柄《ながら》の橋《はし》を作《つく》らばや富士《ふじ》の煙《けぶり》も立《た》たず成《な》りなば

（富士の山の噴火は、自然の摂理であるから、人間の自由にはならない。煙が立つか立たないかは、天に任せるしかない。でも、摂津の国の長柄《ながら》の橋は、人間の手で作り直すことができるから、たとえ朽ち果てたとして、精一杯努力して、立派な橋に建て替《か》えたいものだ。人間にできることには全力を尽くすべきだし、私も歌の道で精進したい。）

今宵は、清見潟近くの海辺の里で宿を取ったのだが、地元の人は里の名を「波《なみ》の上《うえ》」とか言っていた。その地名通りに、波の荒れた音が聞こえ続け、私も富士の煙の消滅や、和歌の道の行く末を考え続けて、一睡もできなかった。

［評］　この日に限って、記述のスタイルが混乱している。毎日の旅の行程を明確に書き記してきた『十六夜日記』は、この日、夜になった後で、富士山の話を持ち出してくる。まことに不自然である。その不自然さと関係があるかもしれないが、「波の上」という地名も、どこにあるのか未詳である。

阿仏尼が興津で思い起こした、定家の「泣《な》く泣《な》く出《い》でし」の歌は、二条派の頓阿《とんあ》の歌学書『井蛙抄《せいあしょう》』などにも引かれ、著名な歌である。

阿仏自身も、『十六夜日記』の最後に据えた長歌の中に（38―9）、「子を思《おも》ふ

とて　夜《よる》の鶴《つる》　泣《な》く泣《な》く《鳴く鳴く》都《みやこ》　出《い》でしかど」と詠んでいる。

為家にも、定家の歌の本歌取りがある。

鳥《とり》の音《ね》を飽《あ》かぬ別《わか》れの限《かぎ》りにて誰《たれ》か増《ま》さると泣《な》く泣《な》く《鳴く鳴く》ぞ行《ゆ》く

『新撰和歌六帖』

鳥《とり》の音《ね》に誘《さそ》はれ出《い》でし面影《おもかげ》の恋《こひ》しき旅《たび》に泣《な》く泣《な》く《鳴く鳴く》ぞ行《ゆ》く　『為家五社百首』

為家の歌は、定家の歌だけでなく、『源氏物語』浮舟の巻で匂宮が詠んだ、「いづくにか身《み》をば棄《す》てむと白雲《しらくも》の懸《か》からぬ山《やま》も泣《な》く《無く》泣《な》くぞ行《ゆ》く」を意識している可能性もある。

ただし、掛詞が「泣く泣く／鳴く鳴く」と「泣く泣く／無く」というように異なっているから、浮舟の巻の投影は考慮しなくてよいかもしれない。

なお、鎌倉幕府第六代将軍で、和歌に優れ、為家の指導を受けた宗尊《むねたか》親王にも、定家の歌を意識したと思われる歌がある。

忘《わす》れめや鳥《とり》の初音《はつね》に立《た》ち別《わか》れ泣《な》く泣《な》く《鳴く鳴く》出《い》でし故郷《ふるさと》の空《そら》

なお、『十六夜日記』には、白楽天の『縛戎人《ばくじゅうじん》』が引用されているが、『源氏物語』玉鬘《たまかずら》の巻にも、この『縛戎人《ばくじゅうじん》』の一節が引用されている。「胡《こ》の地の妻《せい》児《じ》をば虚《むな》しく棄《す》て捐《す》てつ」という箇所であるが、阿仏は、『源氏物語』研究の過程で、玉鬘の巻の表現意図を理解するために、『縛戎人《ばくじゅうじん》』の全文を読んだことがあったのかもしれない。

また、本文の校異では、「波《なみ》、唯《ただ》、枕《まくら》の上《うへ》に」を、「波《なみ》、唯《ただ》、枕《まくら》に」とする写本がある。「さらに」を「左右《さう》に」とする写本があるのは、平仮名の「ら」と「う」の字形が酷似しているからだろう。

21　十月二十七日　波の上から国府《こう》まで

二十七日《はつかあまりなぬか》、明《あ》け離《はな》れて後《のち》、富士川《ふじがは》渡《わた》る。朝川《あさかは》、いと寒《さむ》し。数《かぞ》ふれば、十五《とをあまりいつつ》、瀬《せ》をぞ渡《わた》りぬる。

（阿仏）冴《さ》え侘《わ》びぬ雪《ゆき》より下《お》ろす富士川《ふじがは》の川風《かはかぜ》凍《こほ》る冬《ふゆ》の衣手《ころもで》

今日《けふ》は、日《ひ》、いと麗《うら》らかにて、田子《たご》の浦《うら》に打《う》ち出《い》づ。海人《あま》どもの漁《いさ》りするを、見《み》ても、

（阿仏）心《こころ》から下《お》り立《た》つ《織り裁つ》田子《たご》の海人衣《あまごろも》《尼衣》干《ほ》さぬ恨《うら》み《裏見・浦見》と人《ひと》に語《かた》るな

とぞ言《い》はまほしき。

伊豆《いづ》の国府《こふ》と言《い》ふ所《ところ》に止《とど》まる。未《いま》だ夕日《ゆふひ》残《のこ》る程《ほど》、三嶋《みしま》の明神《みやうじん》へ参《まゐ》るとて、詠《よ》みて奉《たてまつ》る。

（阿仏）哀《あは》れとや三《み》《見》嶋《しま》の神《かみ》の宮柱《みやばしら》唯《ただ》此処《ここ》にしも巡《めぐ》り来《き》にけり

（阿仏）自《おの》づから伝《つた》へし跡《あと》も有《あ》るものを神《かみ》は知《し》るらむ敷島《しきしま》の道《みち》

（阿仏）尋《たづ》ね来《き》て我《わ》が越《こ》え掛《か》かる箱根路《はこねぢ》を山《やま》の峡《かひ》《甲斐》有《あ》る導《しるべ》とぞ思《おも》ふ

【訳】　十月二十七日、旅の十二日目である。今日は、伊豆《いず》の国に入る予定である。この日は、暗いうちの出発ではなく、かなり明るくなってから、と言っても朝のうちに宿を立った。まず、富士川を渡った。今は冬なので、朝の川は、とても寒い。鎌倉幕府初代将軍に就《つ》いた源頼朝《よりとも》殿は、この富士川で、烏合《うごう》の衆《しゅう》であった平氏の大軍を打ち破り、歴史を大きく塗り変える端緒とされた。その「富士川の戦い」が起きたのは、十月二十日だったと聞いているから、ちょうど今頃だったのだろう。

この川は、いくつもの浅い流れが連なっていた。数えながら進んでいったところ、合計で十五もの浅瀬を渡っていた。

(阿仏)冴《さ》え侘《わ》びぬ雪《ゆき》より下《お》ろす富士川《ふじがは》の川風《かはかぜ》凍《こほ》る冬《ふゆ》の衣手《ころもで》

(ひどく冷たいので、どうしようもなく困ってしまった。富士川の河原では、雪が高く積もった富士の山から吹き下ろしてくる冷たい冬風を、まともに受ける。私の袖も、寒さのあまりに凍り付いてしまうほどだ。)

ただし、日が高くなるにつれ、気温は上昇した。今日は、お日様がうららと照っているので、舟に乗って田子《たご》の浦《うら》に漕ぎ出した。定家卿が撰ばれた『小倉百人一首』に、「田子《たご》の浦《うら》に打《う》ち出《い》でて見《み》れば白妙《しろたへ》の富士《ふじ》の高嶺《たかね》に雪《ゆき》は降《ふ》りつつ」(山部赤人《やまべのあかひと》)という歌があるが、まさにその通りの眺めだった。

漁師たちが、着ている服を濡らしながら魚を捕っているのを見た。私は彼らに一言《ひとこと》言って上げたくて、歌を詠んだ。

(阿仏)心《こころ》から下《お》り立《た》つ《織り裁つ》田子《たご》の海人衣《あまごろも》《尼衣》干《ほ》さぬ恨《うら》み《裏見・浦見》と人《ひと》に語《かた》るな

(『源氏物語』の葵《あおい》の巻に、六条御息所《ろくじょうのみやすどころ》が詠んだ、「袖《そで》濡《ぬ》るる泥《こひち》《恋路》とかつは知《し》りながら下《お》り立《た》つ田子《たご》の自《みづか》ら《水》ぞ憂《う》き」という歌がある。「泥《こひち》」には「恋路《こひち》」、「自《みづか》ら」には「水《みづ》」が掛詞になっている。この歌の「田子」は農夫という意味だが、私の目の前では漁師たちが「田子の浦」

で袖を水に濡らしながら、漁に勤《いそ》しんでいる光景が展開している。お前たちは自分の意思で水に濡れて生計を立てているのだから、「濡れた袖がいつまで経《た》っても乾かない」などと、他人に苦情をもらしてはいけないよ。私も、旅に出るに際して尼衣《あまごろも》を新調したけれども、この田子の浦で波に濡れても、誰にも苦情を言ったりしないからね。）

駿河路《するがじ》を旅して、やがて伊豆の国に入った。伊豆の国の「国府《こう》」という所に泊まった。まずは、近くにある三嶋《みしま》大社に参拝した。ここは、源頼朝殿が源氏再興を祈願された神社である。私もまた、「歌の家」の再興を、この三嶋大社にお祈りするために、三首の和歌を奉納した。

（阿仏）哀《あは》れとや三嶋《みしま》の神《かみ》の宮柱《みやばしら》唯此処《ただここ》にしも巡《めぐ》り来《き》にけり

（三島の神様は、きっと、都から東国まではるばる足を運んで祈念している私を、殊勝であるとお感じになることでしょう。かつて、神代《かみよ》の時代には、イザナギとイザナミの二神が天《あめ》の御柱《みはしら》の回りを巡って「みとのまぐはひ」をなさったそうですが、私もここまで巡って来て、三嶋の神様とお会いできたことを嬉しく思います。）

（阿仏）自《おの》づから伝《つた》へし跡《あと》も有《あ》るものを神《かみ》は知《し》るらむ敷島《しきしま》の道《みち》

（わが家には、俊成卿以来、伝えるべき歌の道が自然と形づくられてきました。そして、歌の道を守るべき手立てとして、為家殿が細川の庄を為相に譲ると明記された法的文書も、しっかりと手許《てもと》にあります。それなのに、為氏殿の横暴で、細川の庄の所有権も、歌の道の基盤である歌書類の所有権も、危うくなっています。三嶋の神様は、そのことを御承知でしょうから、和歌の道、いや、日本古来の「敷島の道」を必ずや守ってくださることでありましょう。）

（阿仏）尋《たづ》ね来《き》て我《わ》が越《こ》え掛《か》かる箱根路《はこねぢ》を山《やま》の峡《かひ》《甲斐》有《あ》る導《しるべ》とぞ思《おも》ふ

（はるばる東国まで旅をしてきて、明日、そこを越える箱根路《はこねぢ》には、「峡《かい》」（峡谷《きょうこく》）がたくさんあると聞いています。その難所を越えるための道しるべをなさる三嶋の神様が、私が鎌倉までやって来た「甲斐《かい》」があって、為氏殿との裁判に勝訴する手助けをなさってくださることを確信しています。）

［評］数字の読み方は、よくわからない。「十五《とをあまりいつつ》、瀬《せ》をぞ渡《わた》りぬる」と読んだ箇所は、「十五瀬《じふごせ》をぞ渡《わた》りぬる」なのかもしれない。

富士川では、寒さに苦しめられたものの、渡河自体は予定通りだったことが、文脈から推測できる。『十六夜日記』と同じ時代の『海道記』では、水量が多く、流れも激しい川だとされている。『十六夜日記』では、冬の渇水期のためもあって、それほどの難儀ではなかった。大井川もそうだったが、阿仏尼が鎌倉に下る旅を、あえて初冬に企画したのも、鎌倉での訴訟の日程の関係もあるだろうが、一つには、川を渡ることを考慮したためかもしれない。

阿仏尼が三嶋大社に奉納した歌には、「宮柱《みやばしら》」と「巡《めぐ》り来《き》にけり」という言葉が、一首の歌の中で同時に用いられている。『源氏物語』明石の巻にある、朱雀帝が詠んだ歌を連想させる。

宮柱《みやばしら》巡《めぐ》り逢《あ》ひける時《とき》し有《あ》れば別《わか》れし春《はる》の恨《うら》み《浦見》残《のこ》すな

阿仏尼が三嶋大社に奉納した最後の歌は、「山《やま》の峡《かひ》《甲斐》有《あ》る導《しるべ》とぞ思《おも》ふ」と結ばれる。弘長三年（一二六三）、為家が玉津島神社に奉納した「玉津島社歌合」には、安嘉門院右衛門佐、こと阿仏尼も出詠している。この歌合の中に、他人の歌ではあるが、「我《わ》が思《おも》ふ道《みち》の導《しるべ》に玉津島《たまつしま》頼《たの》む甲斐《かひ》有《あ》る行末《ゆくすゑ》もがな」（浄恵）がある。「甲斐」と「導《しるべ》」が、阿仏尼の歌と共通している。

22　十月二十八日　国府から酒匂《さかわ》まで

二十八日《はつかあまりやうか》、伊豆《いづ》の国府《こふ》を出《い》でて、箱根路《はこねぢ》に掛《か》かる。未《いま》だ夜深《よぶか》かりければ、

(阿仏)玉匣箱根《たまくしげはこね》《箱(はこ)》の山《やま》を急《いそ》げども猶明《なほあ》け《開け》難《がた》き横雲《よこぐも》の空《そら》

「足柄山《あしがらやま》は、道遠《みちとほ》し」とて、箱根路《はこねぢ》に掛《か》かるなりけり。

(阿仏)床《ゆか》しさよ其方《そなた》の雲《くも》を欹《そばだ》てて他所《よそ》に成《な》しぬる足柄《あしがら》《悪(あ)し》の山《やま》

いと嶮《さが》しき山《やま》を下《くだ》る。人《ひと》の足《あし》も、留《とど》まり難《がた》し。「湯坂《ゆさか》」とぞ言《い》ふなる。辛《から》うじて越《こ》え果《は》てたれば、又《また》、麓《ふもと》に、早川《はやかは》と言《い》ふ川《かは》有《あ》り。真《まこと》に、早《はや》し。木《き》の多《おほ》く流《なが》るるを、(阿仏)「如何《いか》に」と問《と》へば、「海人《あま》の藻塩木《もしほぎ》を、浦《うら》へ出《い》ださむとて、流《なが》すなり」と言《い》ふ。

(阿仏)東路《あづまぢ》の湯坂《ゆさか》を越《こ》して見渡《みわた》せば塩木流《しほきなが》るる早川《はやかは》の水《みづ》

湯坂《ゆさか》より、浦《うら》に出《い》でて、日《ひ》、暮《く》れ掛《か》かるに、猶《なほ》、止《と》まるべき所《ところ》、遠《とほ》し。伊豆《いづ》の大島《おほしま》まで見渡《みわた》さるる海面《うみづら》を、(阿仏)「何処《いづこ》とか言《い》ふ」と問《と》へば、知《し》りたる人《ひと》も無《な》し。海人《あま》の家《いへ》のみぞ有《あ》る。

(阿仏)海人《あま》の住《す》む其《そ》の里《さと》の名《な》も白波《しらなみ》の寄《よ》する渚《なぎさ》に宿《やど》や借《か》らまし

丸子川《まりこがは》と言《い》ふ川《かは》を、いと暗《くら》くて、辿《たど》《知らず》り渡《わた》る。今宵《こよひ》は、酒匂《さかは》と言《い》ふ所《ところ》に止《とど》まる。「明日《あす》は、鎌倉《かまくら》へ入《い》るべし」と言《い》ふなり。

[訳]　十月二十八日、旅の十三日目である。

朝、伊豆の国の国府《こう》を発って、箱根路《はこねじ》に差しかかる。この箱根の山を越えれば、いよいよ鎌倉のある相模《さがみ》の国である。

今日は、厳しい山道となるため、朝、かなり暗いうちに、宿を発《た》った。

(阿仏)玉匣《たまくしげ》《箱》箱根《はこね》の山《やま》を急《いそ》げども猶《なほ》明《あ》け《開け》難《がた》き横雲《よこぐも》の空《そら》

(「玉匣《たまくしげ》」は「箱」に掛かる枕詞《まくらことば》である。浦島太郎が「玉匣《たまくしげ》＝玉手箱」を開けた伝説もあるが、箱根の山の「箱」を開けたら、暗い夜が明るい昼になるのだろうか。私にも、明るい未来が訪れるかもしれない。そういう期待を胸に、箱根の山を急ぐのだが、まだ「峰《みね》に別《わか》るる横雲《よこぐも》の空《そら》」という明け方には、程遠いことだ。)

この歌は、為家殿の父にあたる定家卿の、「春《はる》の夜《よ》の夢《ゆめ》の浮橋《うきはし》途絶《とだ》えして峰《みね》に別《わか》るる横《よこ》雲《ぐも》の空《そら》」（『新古今和歌集』）という名歌を意識して詠んだ。

　東へと向かう道筋は、二つある。箱根路ではなくて、足柄山《あしがらやま》を越えるほうが、少しは平《へい》坦《たん》な道なのだが、同行している阿闍梨たちが、「足柄山を越える道筋は距離的に遠いのです。山道は険しいのですが、距離の近い箱根路にしましょう」と言うので、この道筋を選んだのだった。


（阿仏）床《ゆか》しさよ其方《そなた》の雲《くも》を欹《そばだ》てて他所《よそ》に成《な》しぬる足柄《あしがら》《悪(あ)し》の山《やま》

（足柄山の姿は、雲に遮《さえぎ》られて見えない。今回は、そちらの道筋を通らなかったけれども、いつかは、足柄山を越えてみたいものだ。「足柄」は、古来、和歌に詠まれた歌枕なので、今回、無視してしまったのは「悪《あ》し」き（良くない）ことだった。）


　箱根路の下《くだ》りに差しかかる。この下り道は、傾斜が厳しい。しっかり足を地面に踏みしめることができずに、ともすれば滑り落ちそうになる。勢い、速い速度で山道を下ることになる。この急な坂道は、「湯坂《ゆさか》」と言うらしい。

　やっとのことで、箱根を越え終わった。麓に、早川《はやかわ》という川が流れている。「名は体を表す」で、本当に流れの速い川だった。その急流を、たくさんの木が流れ落ちている。

「あれは何なの」と尋ねると、「あれは、河口まで流していくのです。海人《あま》が藻《も》を焚《た》いて海水を煮詰《にっ》め、塩を作るための燃料となる木なので、『藻塩木《もしおぎ》』と言います」という返事だった。

(阿仏)東路《あづまち》の湯坂《ゆさか》を越《こ》して見渡《みわた》せば塩木流《しほきなが》るる早川《はやかは》の水《みづ》

(東国の箱根路で、湯坂を越えて、やっと人心地《ひとごこち》が付いた。あたりを見る余裕も出てきたので、私は周りを見渡した。すると、早川という川を、たくさんの藻塩木《もしおぎ》が、勢いよく流れていた。)

湯坂を下りきって、海辺に出た。早くも日は暮れ始めているが、今夜の宿泊予定地は、まだ遠い。海のほうは、伊豆の大島までも見渡される。そこは、保元《ほうげん》の乱で敗れた源為朝《ためとも》殿――頼朝殿の叔父君に当たられる――が流された島である。

「今、私たちが通っている、この海岸は、何という地名なの」と私が尋ねても、知ってる人が誰もいない。ただ海人の住む貧しい家だけが、散在しているだけである。

(阿仏)海人《あま》の住《す》む其《そ》の里《さと》の名《な》も白波《しらなみ》の寄《よ》する渚《なぎさ》に宿《やど》や借《か》らまし

(「白波《しらなみ》の寄《よ》する渚《なぎさ》に世《よ》を過《す》ぐす《知らず》海人《あま》の子《こ》なれば宿《やど》も定《さだ》めず」(『和漢朗詠集』『新古今和歌集』)という和歌がある。『源氏物語』に登場する夕顔《ゆうがお》は、この歌を口遊《くちずさ》んで、「自分の名前は無い。名のるべきほどの身分の者ではない」と、光る君に答えた。私は、今通り過ぎつつある、この名前もわからない、白波が打ち寄せる渚で、宿を借りたいと思っている。）

とっぷり日が暮れてから、丸子川《まりこがわ》という川を、手元や足元に注意して苦労しながら渡った。今宵は、酒匂《さかわ》という所に宿を取った。私は皆より先に部屋に入ったが、人々は、「明日は、いよいよ鎌倉入りですな」と言い合っているようである。

【評】「扶桑拾葉集」の本文では「木《き》の多《おほ》く流《なが》るるを」だが、他の諸本は「木《き》の多《おほ》く流《なが》るるを」とある。和歌の「東路《あづまぢ》の湯坂《ゆさか》を越《こ》して見渡《みわた》せば」は、「越えて」とある本が多い。前者は「踊り字（ゝ）」が脱落したのだろうし、後者は「え」と「し」の字体類似による誤写・混乱が原因だろう。

「床《ゆか》しさよ其方《そなた》の雲《くも》を欹《そばだ》てて他所《よそ》に成《な》しぬる足柄《あしがら》の山《やま》」という阿仏尼の歌だが、初句が「床《ゆか》しさよ」と始まっているのは、珍しい。「うれしさよ」や「さびしさよ」の例は、少しはある。だが、感情をストレートに述べる「床《ゆか》しさよ」は、練達の歌人である阿仏尼の用法としては異例である。「紀行文学の教科書」として、和歌の初心者にも読ませることを意識したためだろうか。

23　十月二十九日　酒匂から鎌倉まで

二十九日《はつかあまりここぬか》、酒匂《さかは》を出《い》でて、浜路《はまぢ》を遥々《はるばる》と行《ゆ》く。明《あ》け離《はな》るる海《うみ》の上《うへ》を、いと細《ほそ》き月《つき》出《い》でたり。

（阿仏）浦路《うらぢ》行《ゆ》く心細《こころぼそ》さを波間《なみま》より出《い》でて知《し》らする有明《ありあけ》の月《つき》

渚《なぎさ》に寄《よ》せ返《かへ》る波《なみ》の上《うへ》に、霧立《きりた》ちて、数多有《あまたあ》りつる釣舟《つりぶね》、見《み》えず成《な》りぬ。

（阿仏）海人小舟《あまをぶね》漕《こ》ぎ行《ゆ》く方《かた》を見《み》せじとや波《なみ》に立《た》ち添《そ》ふ浦《うら》の朝霧《あさぎり》

都遠《みやことほ》く隔《へだ》たり果《は》てぬるも、猶《なほ》、夢《ゆめ》の心地《ここち》して、

（阿仏）立《た》ち離《はな》れよも浮《う》き《憂き》波《なみ》は掛《か》けもせじ昔《むかし》の人《ひと》の同《おな》じ世《よ》ならば

［訳］　今日は、十月二十九日。都を発ってから十四日目。いよいよ、旅の最終日である。まことに感無量である。

酒匂《さかわ》の宿を出てからは、浜辺の道を、ひたすら東へと進み続ける。空が明るくなって、

視界が良くなると、細い月が、空に昇ってくるのが見えた。

(阿仏)浦路《うらぢ》行《ゆ》く心細《こころぼそ》さを波間《なみま》より出《い》でて知《し》らする有明《ありあけ》の月《つき》

(海辺の道を、浦伝《うらづた》いにはるばると進んでゆくのは、何とも心細いことだ。東の海の波間からは、有明の月が昇ってきている。その何という細さ。細い月を見ると、自分が今、心細さに苦しんでいることを、否《いや》が応《おう》でも痛感させられる。月のほうでも、心細い気持ちを私と共有し、私を慰め、励ましてくれているのだろう。)

渚には、波が沖から寄せてきては、返ってゆく。その海上には、たくさんの釣舟《つりぶね》が見えていたのだが、少しずつ霧が出てきて、釣舟の姿が見えなくなった。

(阿仏)海人小舟《あまをぶね》漕《こ》ぎ行《ゆ》く方《かた》を見《み》せじとや波《なみ》に立《た》ち添《そ》ふ浦《うら》の朝霧《あさぎり》

(漁師たちが乗っている舟は、これからどこへ向かうのだろうか。興味を持って見続けていると、波が立つのと同時に、意地悪な霧までが立ってきて、私の目から舟を隠してしまった。私は、柿本人麻呂《かきのもとのひとまろ》が詠んだとされる、「ほのぼのと明石《あかし》《明かし》の浦《うら》の朝霧《あさぎり》に島隠《しまがく》れ行《ゆ》く舟《ふね》をしぞ思《おも》ふ」という和歌を思い出した。)

それにしても、都からは本当に遠くまで来たものだ。自分が今、鎌倉を目前にしていることが、現実ではなく、夢のように思われる。こういう感覚には、旅の途中で何度も駆られていたのだが、その旅もいよいよ今日で終わりである。
(阿仏)立《た》ち離《はな》れよも浮《う》き波《なみ》は掛《か》けもせじ昔《むかし》の人《ひと》の同《おな》じ世《よ》ならば
(亡き夫である為家殿が、もし今もご健在であれば、遺産相続の争いも起こらず、私が都を離れて鎌倉まで旅をして訴訟を起こす必要など、まったくなかったことだろう。私の辛《つら》い思いは、為家殿の逝去から始まった。為家殿には、為相たちが大きくなるまで、もう少し長生きしていただきたかった。)
こんな歌を心の中で詠んでいるうちに、鎌倉に到着した。私は、二週間の旅を終えて、鎌倉の人となったのである。

[評] ここで『十六夜日記』の大きな山場である「道の記」が終わる。二週間の旅であった。

「明《あ》け離《はな》るる海《うみ》の上《うへ》を」の「海の上を」部分は、異文が多い。「海の上を」「海の上」「海の上に」「海の」「海面《うみづら》」「海面《うみづら》を」という六つの本文が存在している。

私は理工系の大学で、文学教育を三十五年間担当してきたが、理工系の学生たちが抱いてる共通の、そして根強い疑問が、いくつかあった。一つは、なぜ

『竹取物語』などの有名な物語の作者が不明のまま、放置されてきたのか。彼らは、それを国文学者の怠慢だと受け取り、国文学者に不信感を持っているようだった。

さらに、『源氏物語』の場合には、「青表紙本《あおびょうしぼん》」「河内本《かわちぼん》」「別本《べっぽん》」という本文系統があり、『方丈記』の場合には、「大福光寺本《だいふくこうじぼん》」と「流布本《るふぼん》」という本文系統があり、『枕草子』の場合には……、などと説明しても、「本文系統」という概念が理解できないようだった。作者が実際に書いた文章は、一つしかなかったはずである。ならば、作者が書いた本文を唯一のテキストにすれば、作者の書いたものではない「本文系統」など世の中に存在しないはずである、というのが、彼らの疑問だった。

また、本文に異同のない文章があったとしても、解釈は一つではなく、二通りにも、三通りにも解釈が可能であるという点が、なかなか理解してもらえなかった。これもまた、「作者が文章を書いた時には、一つの意味しか念頭に無かったはずだから、どうして国文学者は、それを突き止められないのか」という、研究者への不信感が根底にあるようだった。

これらの疑問点に対して、私は教壇に立っていた三十五年間、さまざまな回答を試み続けてきた。その結果、自分なりに成長してきたと思っている。『源氏物語』は、紫式部と呼ばれる本名未詳の女性が書いた。けれども、世界文学の傑作と認められている『源氏物語』は、鎌倉時代の初めに藤原定家が校訂した青表紙本の本文である。配列順も含めて、その青表紙本を読んでゆくのが、日本文化の本流を解明することにつながる。

また、作者の書いた自筆が残っていない場合には、最も広く読まれ、日本文化に大きな影響を及ぼした本文（いわゆる「流布本」）で読みたい。その場合でも、意味が通じない箇所があったり、部分的には他の写本の本文のほうが解釈しやすくても、底本とした写本の本文のままで解釈を貫きたい。このように、現在の私は考えている。花鳥社から刊行されている「新訳」シリーズも、この方針に基づいている。

さて、『十六夜日記』の「旅の日録」は終わった。紀行文は、こういうふうに書くものだという規範を、御子左家の伝統を受け継ぐべき我が子たちに示したのである。『十六夜日記』の記述は、ここでひとまず完結したとも言える。

写本の中には、この後に、「安嘉門院四条（法名阿仏）作」と『十六夜日記』の作者名を記し、「中院《なかのいん》大納言」、つまり阿仏尼の夫である為家の和歌を二首、書き加えた写本がある。「中院」は、定家の小倉山荘があった場所であり、為家を経て、冷泉家が小倉山荘を相続した。

厭《いと》はるる永《なが》き命《いのち》のつれなくて猶永《なほなが》らへば子《こ》は《此(こ)は》如何《いか》にせむ

故郷《ふるさと》に千代《ちよ》もとまでは思《おも》はずと頓《とみ》の命《いのち》を弔《と》ふ人《ひと》もがな

為家は、阿仏尼との間に生まれた子どもたちの行く末を心配していた。その心を阿仏尼は汲み取り、亡夫の遺志に応《こた》えて「和歌の家」を守るべく、鎌倉へと下ったのだった。

Ⅳ　鎌倉と都との往復書簡集

24　娘との往復書簡

東《あづま》にて住《す》む所《ところ》は、「月影《つきかげ》の谷《やつ》」とぞ言《い》ふなる。浦近《うらちか》き山本《やまもと》にて、風《かぜ》いと荒《あら》し。山寺《やまでら》の傍《かたは》らなれば、長閑《のどか》に、凄《すご》くて、波《なみ》の音《おと》、松《まつ》の風《かぜ》、絶《た》えず。

都《みやこ》の音信《おとづれ》は、何時《いつ》しか、覚束無《おぼつかな》き程《ほど》にしも、宇津《うつ》の山《やま》にて行《ゆ》き合《あ》ひ逢《あ》たりし山伏《やまぶし》の便《たよ》りに、言伝《ことづ》て申《まう》したりし人《ひと》の御許《おんもと》より、確《たし》かなる便《たよ》りに付《つ》けて、有《あ》りし御返《おんかへ》しと思《おぼ》しくて、

（娘）旅衣涙《たびごろもなみだ》を添《そ》へて宇津《うつ》《打つ》の山時雨《やましぐ》れぬ隙《ひま》も然《さ》ぞ時雨《しぐ》るらむ

（娘）ゆくり無《な》く憧《あくが》れ出《い》でし十六夜《いざよひ》の月《つき》や後《おく》れぬ形見《かたみ》なるべき

都《みやこ》を出《い》でし事《こと》は、神無月十六日《かみなづきいざよひ》なりしかば、（阿仏）「躊躇《いざよ》ふ月《つき》を、思《おぼ》し召《め》し忘《わす》れざりけ

るにや」と、いと優《やさ》しく、哀《あは》れにて、唯《ただ》、此《こ》の返《かへ》り事許《ごとばか》りをぞ、又《また》、聞《き》こゆる。

（阿仏）巡《めぐ》り逢《あ》ふ末《すゑ》をぞ頼《たの》むゆくり無《な》く空《そら》に浮《う》かれし十六夜《いざよひ》の月《つき》

［訳］　こうして鎌倉の人となった私は、それから、永く鎌倉に滞在することになった。その間には、都の人たちと何度も手紙をやり取りをした。これから、私と都人たちとが交《かわ》した往復書簡集を披露しよう。これは、そのまま和歌の贈答集にもなっている。

この『十六夜日記』は、最初に、我が国の文化が守るべき和歌の道とは何かについて、評論的に語った（「I　私はなぜ、旅人となったのか」）。次に、旅に出る人と見送る人とが、どのような和歌を贈答すべきかという見本を示した（「II　惜別の賦」）。そして、旅の記録とはどういうものか、その手本となるべき紀行文を、和歌と散文で書き綴った（「III　東海道の旅の日録」）。これから始まる書簡集は、旅に出ている人と、都に残った人との往復書簡や和歌の贈答の規範となるべきものである。さらに、巻末には、神に祈る長歌の詠み方の見本も示すつもりである。

この『十六夜日記』の読者としては、誰よりも、「和歌の道」の正統を受け継ぐべき為相や為守を想定しているが、その子孫だけでなく、和歌の道に心を寄せる人すべてに読んでもらいたい。

さて、鎌倉で私が住むことになったのは、「月影《つきかげ》の谷《やつ》」とか言われている地域らしかった。「谷《やつ》」は、鎌倉ではよくある地名で、谷間とか、凹《くぼ》んだ所、などという意味である。それにしても「月影の谷」とは、十六夜《いざよい》の月の日に、都を旅立った私が住むのに、何ともふさわしい地名ではないだろうか。

この月影の谷は、海岸が近く、山も差し迫っていて、海風がかなり激しく吹きつける。山寺――極楽寺《ごくらくじ》である――の近くでもあり、静かで、物寂しげな雰囲気に包まれている。波の音と、松の風が、通奏低音《つうそうていおん》のように、ここに住んでいる私の耳には間断なく聞こえてくる。

私は、都の人々からの手紙を、これからは鎌倉で受け取ることになる。その最初の手紙は、旅の荷を解いた私が、そろそろ都を恋しく思うようになった、ちょうどその頃に届いた。私の心を深く思いやり、見抜いて下さる方からの便りだった。

都から鎌倉へ下る旅の十日目のことだった。駿河の国の宇津《うつ》の山《やま》で、息子の阿闍梨《あざり》が偶然にも知人の山伏と出会うという、『伊勢物語』第九段と同じ奇蹟が起きた。その山伏に託した、娘への手紙の返信が、鎌倉まで届いたのである。娘は、後深草院の姫宮をお生み申し上げているので、我が娘ではあるが、敬語を用いたい。

そのお方は、山伏から、私の手紙を受け取ったあと、私への返信を、これ以上はないほど確実な人物に託して、間違いなく私の手元に届くように計らってくださった。そのお方の歌は、私が宇津の山で認《したた》めた歌に対するお返事だと思われた。

私の、「我《わ》が心現《こころうつつ》とも無《な》し宇《う》津《つ》の山夢《やまゆめ》にも遠《とほ》き昔恋《むかしこ》ふとて」に対する返歌もあったが、今は省略させてもらう。私の「蔦楓時雨《つたかへでしぐ》れぬ隙《ひま》も宇津《うつ》《打っ》の山涙《やまなみだ》に袖《そで》の色《いろ》ぞ焦《こ》がる」という歌に対するお返事は、私の心を強く打った。

（娘）旅衣涙《たびごろもなみだ》を添《そ》へて宇津《うつ》《打っ》の山時雨《やましぐ》れぬ隙《ひま》も然《さ》ぞ時雨《しぐ》るらむ

（砧《きぬた》で打った艶《つや》のある絹で旅衣を調《ととの》え、私たち子どもの行く末のために、鎌倉に向かわれた母上様。さぞかし都に残った子どもたちのことが心配で、涙を流しながらの道中でございましょう。受け取ったお手紙によれば、今は宇津の山を越えていらっしゃるとか。時あたかも時雨《しぐれ》の季節です。時雨が降る時はもちろんのこと、時雨の止《や》んでいる時も、母上の袖は、きっと私たちを思う涙で濡れそぼっていることでございましょう。）

娘の次の歌は、十六夜《いざよい》の日に旅立った私のことを思いやる歌だった。

（娘）ゆくり無《な》く憧《あくが》れ出《い》でし十六夜《いざよひ》の月《つき》や後《おく》れぬ形見《かたみ》なるべき

（母上は、鎌倉での訴訟を思い立たれて、慌しく都を旅立たれました。その時は生憎《あいにく》の空模様で、十六夜の月は見えなかったそうですが、十六夜の月は、きっと雲の上から母上を見ていたことでしょう。その月は母上に遅れることなく付き添い、鎌倉まで同行してくれたはずです。都の空にも懸かっていますから、私は月を見るたびに母上のことを偲《しの》んでおります。母上は、都のことが心配で、夢のように定かでない心境だとおっしゃいますが、弟たちのことは、この私ができる限りのお世話をさせていただきます。母上は安心して、訴訟に専念なさってください。）

私が都を離れたのは、十月十六日のことだったので、「ためらうように空に出た十六夜の月を、あの方は記憶しておられたのだろう。『いざよふ』という言葉には、躊躇《ちゅうちょ》するとか、猶予するなどの意味がある。旅立ちに際して私が感じた悩みや迷いも、お見通しであろう」と思うと、彼女の私への思いやりが、胸に迫った。この歌のお返事だけでも申し上げようと、信頼の置ける人が都に帰るのに言付けた。

（阿仏）巡《めぐ》り逢《あ》ふ末《すゑ》をぞ頼《たの》むゆくり無《な》く空《そら》に浮《う》かれし十六夜《いざよひ》の月《つき》

（おっしゃる通り、私は十六夜《いざよい》の月が空に出るのをためらうように、躊躇しつつも、思い切って旅に出ました。それがどういう結果をもたらすかは、今後の訴訟の経過次第ですから、まだわかりません。ただし、鎌倉で強く主張しなければならないことは、きっぱりと主張して、喜ばしい結果を出し、あなたたちと都で再会できる日が来ることを願っております。)

[評]『十六夜日記』は、ここで新たに態勢を立て直し、子孫、すなわち後世に伝えるべき「書簡文」の教科書を書き継ぐことになった。

作者の念頭にあったのは、『源氏物語』の須磨の巻であっただろう。「II 惜別の賦」でも、須磨の巻で、光源氏が都を去るに際して「離別」の歌を交わした人々が、作者の念頭にあったことを述べた。

これから始まる「IV 鎌倉と都との往復書簡集」では、須磨に着いた光源氏が、手紙を交わした都の人々が思い浮かべられていたと思われる。

① 紫の上(紫の上の返歌のみあり)
② 藤壺(和歌の贈答あり)
③ 朧月夜(和歌の贈答あり)

④　左大臣
⑤　夕霧の乳母
⑥　花散里（花散里の返歌のみあり）
⑦　伊勢の国の六条御息所（六条御息所から二首、光源氏の返歌二首）

『十六夜日記』では、まず、後深草院の姫君を生んだ娘との往復書簡が記される。最初の往信は、海道下りの途中、宇津の山で託したものだった（「19　十月二十五日、菊川から手越《てごし》まで」参照）。

それにしても、作者が落ちついたのが鎌倉の「月影《つきかげ》の谷《やつ》」だったのは、偶然にしてはよくできた暗合である。この作品のタイトルは『十六夜日記』であり、月と深い関連がある。また、阿仏は若い頃に『うたたね』という異色作を書いたが、そこでは『源氏物語』末摘花の巻を踏まえて、恋人を「十六夜《いざよい》の月」のような光源氏に喩える場面があった。

「月」と「阿仏尼」は縁語であると、私には感じられる。

25　京極派の歌人との往復書簡――藤原為子と藤原為兼

前《さき》の右兵衛《うひやうゑ》の督《かみ》為教《ためのり》の御女《みむすめ》、歌詠《うたよ》む人《ひと》にて、勅撰《ちよくせん》にも、度々《たびたび》、入《い》り給《たま》へり。大宮《おほみや》の院《ゐん》の権中納言《ごんちゆうなごん》と聞《き》こゆる人《ひと》、歌《うた》の事故《ことゆゑ》、朝夕《あさゆふ》申《まう》し慣《な》れしかばにや、道《みち》の程《ほど》の覚束無《おぼつかな》さなど、音信《おとづ》れ給《たま》へる文《ふみ》に、

（藤原為子）遥々《はるばる》《張る》と思《おも》ひこそ遣《や》れ旅衣《たびごろも》涙時雨《なみだしぐ》るる程《ほど》や如何《いか》にと

返《かへ》しに、

（阿仏）思《おも》ひ遣《や》れ露《つゆ》も時雨《しぐれ》も一《ひと》つにて山路《やまぢ》分《わ》け来《こ》し袖《そで》の雫《しづく》を

此《こ》の兄人《せうと》の為兼《ためかね》の君《きみ》も、同《おな》じ様《さま》に、覚束無《おぼつかな》さなど書《か》きて、

（京極為兼）故郷《ふるさと》は時雨《しぐれ》に発《た》《裁ち》ちし旅衣《たびごろも》雪《ゆき》《裄(ゆき)》にやいと冴《さ》え増《ま》さるらむ

返《かへ》し

（阿仏）旅衣《たびごろも》浦《うら》《裏》風《かぜ》冴《さ》えて神無月《かみなづき》時雨《しぐ》るる雲《くも》に雪《ゆき》《裄(ゆき)》ぞ降《ふ》り添《そ》ふ

［訳］　前《さき》の右兵衛《うひょうえ》の督《かみ》である藤原為教《ためのり》殿は、為家殿の逝去後に、私たちに冷たくなった為氏殿から見て、母親を同じくする弟に当たっておられる。つまり、為家殿の前妻（正室）の子である。

為家殿の息子たちのうち、為氏殿は、保守的な歌風の「二条《にじょう》派」を興《おこ》し、為教殿は革新的な歌風の「京極《きょうごく》派」を興した。彼ら二人の母親は、出家後に「蓮生《れんしょう》」と号した宇都宮頼綱《うつのみやよりつな》殿の娘である。頼綱殿は、定家卿に小倉山荘の色紙（『小倉百人一首』の基となった百首）を揮毫してもらった人物である。元は、鎌倉幕府の御家人《ごけにん》だった武士である。

為氏殿は私たちの仇敵であるが、為教殿を始めとする京極派の人々は、私たちと友好関係にあった。為氏殿には、人間として見て度量に欠ける側面が何かとあったのではないだろうか。

その為教殿の娘で、藤原為子《ためこ》と申し上げる御息女は、歌人として優れた才能を持っておられた。為家殿の後妻（側室）である私から見たら、義理の子ども（為教殿）の娘だから、為子殿は「義理の孫」に当たる。彼女は、私よりも一世代下の若手ではあるものの、既に何度も勅撰和歌集に選ばれたほどの逸材である。

為子殿は、大宮《おおみや》の院《いん》（後嵯峨天皇の中宮で、後深草天皇や亀山天皇の御生母）にお仕えして、

「権中納言《ごんちゅうなごん》」という女房名を名告《なの》っておられた。彼女は私よりは二十五、六歳も若いのだが、私とは和歌の道の認識で通じ合うところがあり、遠慮無く、頻繁に手紙や和歌を交《か》わす仲であった。

為家殿も、為子殿の和歌の才能を高く評価され、自分の孫に当たる為兼《ためかね》殿に『古今和歌集』『後撰和歌集』『拾遺和歌集』の「三代集《さんだいしゅう》」を伝授する際に、その姉に当たる為子殿も同席させられたほどである。

為子殿は、私が鎌倉に到着した直後に、「東下りの道中は無事でしたか。気がかりでなりませんでした」というお手紙を寄せられた。その中に、彼女の和歌が記されていた。

(藤原為子)遥々《はるばる》《張る》と思《おも》ひこそ遣《や》れ旅衣《たびごろも》涙時雨《なみだしぐ》るる程《ほど》や如何《いか》にと

(あなたが鎌倉を目指して東海道を下っておられる道中では、幾度ともなく冷たい時雨が降りかかったことかと存じます。時雨だけでなく、涙もまた、あなたが新調された旅衣の袖をひどく濡らしたことでありましょう。)

私の返事。

(阿仏)思《おも》ひ遣《や》れ露《つゆ》も時雨《しぐれ》も一《ひと》つにて山路《やまぢ》分《わ》け来《こ》し袖《そで》の雫《しづく》を

(お察しの通りです。木々から滴《しただ》る露と、目からこぼれる涙、そして時雨。その三つが一つになって、険しい山道を分け進んで旅をする私の衣の袖を、どれほど濡らしたことでしょうか。あなたの想像する以上でしたよ。）

為子殿の御兄弟――正確には弟――である京極為兼《ためかね》殿も、姉君と同じような心配を書いた後で、歌があった。

（京極為兼）故郷《ふるさと》は時雨《しぐれ》に発《た》ち〔裁ち〕し旅衣《たびごろも》雪《ゆき》〔裄(ゆき)〕にやいとど冴《さ》え増《ま》さるらむ

（あなたは、懐かしい故郷である京都を、新しい旅衣を新調して、時雨の季節にお発《た》ちになりました。鎌倉にお着きになった今では、もう冬も深まっています。鎌倉では、さぞかし雪が降りかかって、あなたのお召し物の背仲は冷たく凍っていることでしょう。）

為兼殿への返事は、こう詠んだ。

（阿仏）旅衣《たびごろも》浦風《うらかぜ》〔裏〕冴《さ》えて神無月《かみなづき》時雨《しぐ》るる雲《くも》に雪《ゆき》〔裄(ゆき)〕ぞ降《ふ》り添《そ》ふ

（鎌倉では、浦風が吹きつける海近くに住んでいます。今は陰暦十月下旬ですから、旅先で着る衣を吹き返して裏返しにする冬風は冷たいです。重い雲から降ってくる時雨に交じって、おっしゃる通りで、雪までも降ってくることです。）

［評］　これは、歌の仲間との往復書簡である。『十六夜日記』の苦しい旅が、

「土地の所有権」のためではなく、「歌の道を守る」ためだったことが、ここからも理解できる。

藤原（京極）為子は、阿仏よりも二十五、六歳くらい年下かと推測される。ほぼ一世代下の若手である。阿仏が鎌倉に下向したのが五十五歳前後とすれば、為子は三十歳前後になる。

二条家を興し、阿仏尼と対立した為氏の子が為世《ためよ》。その為世の娘にも「為子」がいるので「藤原為子」は二人いることになる。そのため、「京極為子」「二条為子」と区別することもある。

さて、藤原（京極）為子は京極派の代表歌人であり、勅撰和歌集には百二十六首も入集《にっしゅう》している。ちなみに、京極派のリーダーだった、弟の藤原（京極）為兼は、百五十四首が勅撰和歌集に入集している。「為兼」はタメカネ、タメカヌ、両方に読むが、『十六夜日記』では「ためかぬ」と読ませている。

阿仏尼は、二条家と対立していたので、京極家に接近した。京極家の祖・為教は、二条家の祖・為氏と母を同じくするが、和歌の方向としては「阿仏尼と冷泉家」に接近していたのである。

本書の「はじめに」で述べたように、二条派の果たした文化的な業績は巨大である。中世の日本文化において、「古今伝授」の果たした役割はあまりにも大きい。それが、「当流」と称された二条家の古典解釈である。

京極派は、『玉葉和歌集《ぎょくようわかしゅう》』と『風雅和歌集《ふうがわかしゅう》』で一時代を築いた。冷泉家は、二十一世紀の現代まで存続し、俊成・定家由来の貴重な古典籍を護り続けている。にもかかわらず、私は、二条派が日本文化に及ぼした文化的な貢献の偉大さを思う。

二条派の教えを体系化した「古今伝授」の伝統は、我が国に「源氏文化」を深く、そして広く根づかせた。そのことの意義は、声を大にして、繰り返し言っておきたい。私個人の文化的な軸足は、阿仏尼には申しわけないけれども、二条派である。この二条派への反発から国学が発生し、近代の扉が開かれ、正岡子規の「旧派和歌」攻撃が始まった。

26　安嘉門院の女房との往復書簡

式乾門院《しきかんもんゐん》の御匣殿《みくしげどの》と聞《き》こゆるは、久我《こが》の太政大臣《おほきおとど》の御女《みむすめ》、此《これ》も『続後撰《しよくごせん》』より、打《う》ち続《つづ》き、二度《ふたたび》・三度《みたび》の、家々《いへいへ》の打聞《うちぎき》にも、歌《うた》の数多《あまた》入《い》り給《たま》へる人《ひと》なれば、御名《みな》も隠《かく》れ無《な》くこそは。今《いま》は、安嘉門院《あんかもんゐん》に、御方《おんかた》とて、候《さぶら》ひ給《たま》ふ。

東路《あづまぢ》思《おも》ひ立《た》ちし、明日《あす》とて、罷《まか》り申《まう》しの由《よし》に、北白河殿《きたしらかはどの》へ参《まゐ》りしかど、見《み》えさせ給《たま》はざりしかば、今宵許《こよひばか》りの出《い》で立《た》ち、物騒《ものさわ》がしくて、(阿仏)「斯《か》く」とだに聞《き》こえ敢《あ》へず、急《いそ》ぎ出《い》でしにも、心《こころ》に掛《か》かり給《たま》へて、音信《おとづ》れ聞《き》こゆ。

(阿仏)「草《くさ》の枕《まくら》ながら、年《とし》さへ暮《く》れぬる心細《こころぼそ》さ、雪《ゆき》の隙無《ひまな》さ」など、書《か》き集《あつ》めて、

(阿仏)消《き》え返《かへ》り眺《なが》むる空《そら》も掻《か》き暮《く》れて程《はど》は雲井《くもゐ》ぞ雪《ゆき》に成《な》り行《ゆ》く

など聞《き》こえたりしを、立《た》ち返《かへ》り、其《そ》の御返事《おんかへりごと》。

(御匣殿)「便《たよ》り有《あ》らばと、心《こころ》に掛《か》け参《まゐ》らせつるを、今日《けふ》、師走《しはす》の二十二日《はつかあまりふつか》、文《ふみ》待《ま》ち得《え》て、珍《めづら》しく、嬉《うれ》しさ、先《ま》づ、何事《なにごと》も、細《こま》かに申《まう》したく候《さうら》ふに、今宵《こよひ》は、御方達《おんかたたち》への行幸《ぎやうかう》の、御《おん》

上《うへ》とて、紛《まぎ》るる程《ほど》にて、『思《おも》ふ許《ばか》りも、如何《いか》が』と本意無《ほいな》うこそ。御旅《おんたび》、明日《あす》とて、御参《おんまゐ》り有《あ》りける日《ひ》しも、『峰殿《みねどの》の紅葉《もみぢ》、見《み》に』とて、若《わか》き人々《ひとびと》、誘《さそ》ひにし程《ほど》に、後《のち》にこそ、『斯《か》かる事《こと》』とも、聞《き》こえ候《さうら》ひしか。何故《など》や、（阿仏）『斯《か》く』とも、御尋《おんたづ》ね候《さうら》はざりし。

（御匣殿）一方《ひとかた》に袖《そで》や濡《ぬ》れまし旅衣《たびごろも》発《た》つ（裁つ）日《ひ》を聞《き》かぬ恨《うら》み（裏見）なりせば

然《さ》ても、其《そ》れより、「雪《ゆき》に成《な》り行《ゆ》く」と推《お》し量《はか》りの御返事《おんかへりごと》は、

（御匣殿）掻《か》き暗《くら》し雪降《ゆきふ》る空《そら》の眺《なが》めにも程《ほど》は雲井《くもゐ》の哀《あは》れをぞ知《し》る

と有《あ》れば、此《こ》の度《たび》は、又《また》、「発《た》つ日《ひ》を知《し》らぬ」と有《あ》る、御返《おんかへ》し許《ばか》りをぞ聞《き》こゆる。

（阿仏）心《こころ》から何恨《なにうら》（裏）むらむ旅衣《たびごろも》発《た》つ（裁つ）日《ひ》をだにも知《し》らず顔《がほ》にて

【訳】　私が都でお世話になっていた女房とも、和歌を贈答した。

そのお方は、「式乾門院《しきかんもんいん》の御匣殿《みくしげどの》」とおっしゃる方である。主人に当たる式乾門院は、後高倉院の第一皇女で、四条天皇の「准母《じゅんぼ》」となられた。その式乾門院に「御匣殿《みくしげどの》」という女房名で仕えておられた方である。「久我《こが》の太政大臣《だいじょうだいじん》」と呼ばれた源通光《みちてる》殿の御息女で

あられる。

彼女も、為子殿と同様に、亡き為家殿が撰者を務めた『続後撰和歌集《しょくごせんわかしゅう》』以来、二度も三度も、勅撰和歌集に選ばれている歌人である。勅撰和歌集以外の私撰集にも、たくさんの歌が選ばれているので、歌人としての名声を聞き及んでいる人は多いだろう。

この御匣殿は、式乾門院がお亡くなりになった後《あと》は、その妹君である安嘉門院《あんかもんいん》に仕える女房たちの元締めをなさっている。安嘉門院は、私が若い頃に、お仕えした方である。安嘉門院の御所は、『うたたね』で私が書いた「北山の麓《ふもと》」だけではなく、北白河にもあった。

私が鎌倉への下向を決断し、出発が明日に迫った日に、お別れの挨拶を申し上げるために、安嘉門院様の御所である北白河殿《きたしらかわどの》に、御匣殿をお尋ねしたことがあった。けれども、彼女はあいにくと不在だった。もう明日には出発ということで、準備に忙殺されて、御匣殿には、「こういう次第で旅に出ます」という、きちんとしたお別れの手紙も書けなかった。そのまま慌しく都を離れたのが、鎌倉に到着した後も気になっていたので、こちらからお手紙を差し上げた。

『伊勢物語』第十一段に、東《あずま》に下《くだ》った在原業平が、都に残った友人たちに、「忘《わす》るなよ程《ほど》は雲居《くもゐ》に成《な》りぬとも空行《そらゆ》く月《つき》の巡《めぐ》り逢《あ》ふまで」という歌を贈った、という話がある。「どんなに遠く隔たっていても、また逢える日があるだろうから、それまでは私のことを忘れないでほしい」という意味である。この歌の「程《ほど》は雲居《くもゐ》」という言葉を用いて、彼女に逢いたいという気持ちを伝えようとした。

私は、「何かと不安な旅先の仮寓で、早くも、この一年が暮れてしまうのは、心細い限りです。また、雪もひっきりなしに降ってきて、心を憂鬱にさせます」などと書き綴って、歌を記した。

（阿仏）消《き》え返《かへ》り眺《なが》むる空《そら》も掻《か》き暮《く》れて程《ほど》は雲井《くもゐ》ぞ雪《ゆき》に成《な》り行《ゆ》く

（私の命は、何度も消えてしまいそうな、苦しみの連続です。遠い都のことを思いながら、ぼんやりと鎌倉の空を眺めています。その空からは雪が降ってきて、真っ暗です。雪で閉ざされた空は暗澹《あんたん》としていまして、都と鎌倉との距離を痛感させるばかりです。けれども、『伊勢物語』にありますように、お月様は一度沈んでも、また同じ場所に戻って来ます。私もまた、きっと都に戻ってきますから、それまで私のことを覚えていてくださいませ。）

このように申し上げたところ、御匣殿からも、折り返し、返事が届いた。手紙には、長い文章が認《したた》められていた。

「鎌倉に向かう幸便《こうびん》があれば、ぜひともあなたにお便りを差し上げたいと、そればっかりを心に思い続けていました。本日、年も押し詰まった十二月の二十二日ですが、懐かしいあなたから、待ち望んだお手紙が届きました。その瞬間に、まあ、珍しい、ああ、嬉しい、と思いました。

ゆっくりあなたのお手紙を読んで、すぐにでも、私から積もり積もったお話を書き認《したた》めて、お返事を差し上げたいのは山々なのですが、今宵は、後宇多天皇様が、方違《かたたが》えのために、こちらの北白河殿にお渡りになるというので、屋敷の中が慌しくしています。『私があなたにお伝えしたいことを、どうしても全部は書けないだろう』と思うと、残念でなりません。

思い返しますと、あなたが鎌倉に、明日、御出発なさるということで、お別れの御挨拶にお越しになった時に、私はお屋敷を留守にしておりました。その日は、若い女房たちが、『一緒に、光明峰寺《こうみょうぶじ》の紅葉《もみじ》を見に行きましょうよ』と、しきりに誘うので、外出していたのでした。後《あと》から、『留守中に阿仏尼様がお見えになった』と伺って、とても残念に思いましたが、後《あと》の祭りでした。あなたは、私が北白河殿に不在であったとしても、どうして、『お別れの御挨拶がしたいので、ぜひとも戻ってきてください』と、光明峰寺にいる私にまで、伝言してくださらなかったのですか。そうしましたなら、私は必ず戻って来ましたものを」。

このお手紙の後に、御匣殿の歌が書かれていた。

（御匣殿）一方《ひとかた》に袖《そで》や濡《ぬ》れまし旅衣《たびごろも》発《た》つ《裁つ》日《ひ》を聞《き》かぬ恨《うら》み《裏見》なりせば

（もしも、あなたがいつ鎌倉に出発されるのかを知らなかっただけならば、私の袖は涙で濡れるにしても、通り一遍《いっぺん》の涙だったことでしょう。実際には、あなたがわざわざ私に逢いに来られたのに、お逢いできなかったと、後から知りましたので、後悔の涙で、私の袖はこれ以上はないほどに濡れ滴《しただ》ったことでした。）

その後に、私が御匣殿に贈った、「消《き》え返《かへ》り眺《なが》むる空《そら》も掻《か》き暮《く》れて程《ほど》は雲井《くもゐ》ぞ雪《ゆき》に成《な》り行《ゆ》く」という歌への返歌も、書かれていた。

（御匣殿）掻《か》き暗《くら》し雪降《ゆきふ》る空《そら》の眺《なが》めにも程《ほど》は雲井《くもゐ》の哀《あは》れをぞ知《し》る

（あなたがいらっしゃる鎌倉も雪だそうですが、こちらの都でも雪が降って、冬空は真っ暗です。私は、ぼんやりと空を眺めては、あなたが鎌倉で雲を見上げながら噛みしめていらっしゃるという「哀れ」の感情を、あなたと共有しています。あなたの歌に踏まえてあるように、東国に下った業平は、どんなに遠く隔たっていても、必ず戻ってくるから、巡り逢う日を信じて、忘れないでいてほしい、と歌ったそうですね。むろん、私はあなたのことを忘れたりしませんよ。）

御匣殿からは、私がお送りした歌の返歌があったので、わたしからは、御匣殿の「一方《ひとかた》に袖《そで》や濡《ぬ》れまし旅衣《たびごろも》発《た》つ日《ひ》を聞《き》かぬ恨《うら》みなりせば」という歌へのお返事だけ、申し上げた。

（阿仏）心《こころ》から何恨《なにうら》《裏》むらむ旅衣《たびごろも》発《た》《裁っ》つ日《ひ》をだにも知《し》らず顔《がほ》にて

（ご自分で紅葉を楽しみたくて、北白河殿を留守にされていらっしゃったのに、私が鎌倉に新しい旅衣を新調して旅立つ日を知らなかったなんて、なぜ恨みに思われるのでしょうか。その日に、私がお別れの挨拶に伺うことは、わかっていらっしゃったでしょうに。）

［評］歌人仲間にして、職場の元同僚（上司）との往復書簡である。ただし、御匣殿《みくしげどの》の手紙がどこで終わるのかが不明瞭で、諸注も混乱している。［訳］にも書いたように、安嘉門院の屋敷は、若かりし阿仏（安嘉門院四条）が著した『うたたね』の舞台となっている持明院殿のほかにも、北白河殿があっ

た。ちなみに、安嘉門院の母親の女院号は、「北白河院」である。

この場面に登場する御匣殿《みくしげどの》（御櫛笥殿、とも）は、『とはずがたり』の作者である後深草院二条から見て、父方の叔母《おば》に当たる。源（久我《こが》）通光《みちてる》（ミチミツ、とも）の娘である。後深草院二条は、通光の子である雅忠の娘である。

御匣殿が最初に仕えた「式乾門院」は、『十六夜日記』では「シキカンモンイン」と読ませている。門（朔平門《さくへいもん》の西にある）としては、「シキケンモンイン」が、正しい発音である。

この場面では、本文異同が多い。「二度《ふたたび》・三度《みたび》の、家々《いへいへ》の打聞《うちぎき》にも、歌《うた》の数多《あまた》入《い》り給《たま》へる人《ひと》なれば」の部分は、「二度《ふたたび》・三度《みたび》の集《しふ》にも、家々《いへいへ》の打聞《うちぎき》にも」とある写本のほうが、解釈しやすい。勅撰和歌集に、何度も入集している、そのほか、私撰和歌集にもたくさん入っている、という意味になる。［訳］は、「扶桑拾葉集」の本文のままでも、そのように解釈できると考えて訳出した。

阿仏尼が鎌倉への旅立ちの前に、お別れの挨拶ができなかったことを後悔する場面に、「心《こころ》に掛《か》かり給《たま》へて、音信《おとづ》れ聞《き》こゆ」とある。「扶桑拾葉集」の原文表記では「心にかゝり給て」とある。「給て」を、『十六夜日記』の注釈書の多くは、文法的に疑問を感じながらも、「心《こころ》に掛《か》かり給《たま》ひて」と校訂し、「給ふ」は作者の御匣殿への敬意を表す、と説明している。

『十六夜日記』の最も古い注釈書は、江戸時代後期の『十六夜日記残月鈔』であるが、敬語を省略して、本文を「心《こころ》に掛《か》かりて」と改めている。ただし、ここは、「心《こころ》に掛《か》かり給《たま》へて」と、読むべきではないだろうか。謙譲の「給ふ」は下二段に活用するから、「給《たま》へて」で問題は無いし、意味的にもすっきり解釈可能である。『源氏物語』でも、謙譲の「給へて」は頻出している。

なお、阿仏尼が詠んだ、「消《き》え返《かへ》り眺《なが》むる空《そら》も掻《か》き暮《く》れて程《ほど》は雲井《くもゐ》ぞ雪《ゆき》に成《な》り行《ゆ》く」という歌は、『伊勢物語』第十一段の歌が踏まえられていた。「忘《わす》るなよ程《ほど》は雲居《くもゐ》に成《な》りぬとも空行《そらゆ》く月《つき》の巡《めぐ》り逢《あ》ふまで」である。この歌は、『伊勢物語』では主人公の「昔男」が東下りをしていて、都の友人に送ったという設定である。ただし、この歌の本当の作者は、在原業平ではない。『拾遺和歌集』によれば、橘忠幹《ただもと》である。そのため、忠幹の経歴を調査することで、『伊勢物語』が完成した年代が推定できるのではないかと考えられてきた。ただし、まだ、詳細は突き止められていないのが実情である。

27 姉や妹との往復書簡

「暁《あかつき》、便《たよ》り有《あ》り」と聞《き》きて、夜《よ》もすがら起《お》き居《ゐ》て、都《みやこ》の文《ふみ》ども書《か》く中《なか》に、殊《こと》に隔《へだ》て無《な》く、哀《あは》れに、頼《たの》み交《か》はしたる姉君《あねぎみ》に、幼《をさな》き人々《ひとびと》の事《こと》、様々《さまざま》に書《か》き遣《や》る程《ほど》、例《れい》の、波風《なみかぜ》、激《はげ》しく聞《き》こゆれば、唯今《ただいま》有《あ》るままの事《こと》をぞ、書《か》き付《つ》けける。

(阿仏)夜《よ》もすがら涙《なみだ》《波》も文《ふみ》も書《か》き《掻き》敢《あ》へず磯《いそ》越《こ》す風《かぜ》に独《ひと》り起《お》き居《ゐ》て

又《また》、同《おな》じ様《さま》にて、故郷《ふるさと》には恋《こ》ひ忍《しの》ぶ妹《おとうと》の尼上《あまうへ》にも、文《ふみ》奉《たてまつ》るとて、磯物《いそもの》などの端々《はしばし》も、些《いささ》か包《つつ》み集《あつ》めて、

(阿仏)徒《いたづ》らに布《め》刈《か》り塩《しほ》焼《や》く遊《すさ》びにも恋《こひ》しや慣《な》れし里《さと》の海人《あまびと》《尼》

程経《ほどへ》て、此《こ》の姉妹二人《おとといふたり》の返《かへ》り事《ごと》、いと哀《あは》れにて、見《み》れば、姉君《あねぎみ》、

(阿仏の姉)玉章《たまづさ》を見《み》るに涙《なみだ》《波》の掛《か》かるかな磯《いそ》越《こ》す風《かぜ》は聞《き》く心地《ここち》して

此《こ》の姉君《あねぎみ》は、中院《なかのゐん》の中将《ちゆうじやう》と聞《き》こえし人《ひと》の上《うへ》なり。今《いま》は、三位入道《さんゐのにふだう》とは、同《おな》じ世《よ》ながら、遠離《とほざ》かり果《は》てて、行《おこな》ひ居《ゐ》たる人《ひと》なり。

其《そ》の妹《おとうと》の君《きみ》も、(阿仏)「布刈《めか》り塩焼《しほや》く」と有《あ》る返《かへ》り事《ごと》、様々《さまざま》に書《か》き付《つ》けて、(阿仏の妹)「人《ひと》恋《こ》ふる涙《なみだ》の海《うみ》は、都《みやこ》にも、枕《まくら》の下《した》に湛《たた》へて」など、優《やさ》しく書《か》きて、

(阿仏の妹)諸共《もろとも》に布刈《めか》り塩焼《しほや》く浦《うら》ならば却々袖《なかなかそで》に波《なみ》は掛《か》けじを

此《こ》の人《ひと》も、安嘉門院《あんかもんゐん》に候《さぶら》ひしなり。慎《つつ》ましくする事《こと》どもを、思《おも》ひ連《つら》ねて書《か》きたるも、いと哀《あは》れにも、をかし。

［訳］　鎌倉に着いた私は、都に残っている姉と妹への手紙を書いた。「明日の明け方に、鎌倉から都へ向かって出発する幸便がある」と聞き付けた私は、夜通し、一睡もせずに、都の人々への手紙を書き綴って、託《ことづ》けたのである。

まず、私の姉君への手紙。姉とは、取りわけ仲が良くて、何の隠し事もなく、お互いに相手を信頼して、これまで助け合って生きてきた。その姉君に、都に残っている息子たち(為相と為守)のことを、くれぐれもよろしくとお願いした。この手紙を書いている時も、海岸近くの私の寓居には、いつものように波風が大きな音で聞こえ続けていたので、その事実をはっきりと手紙にも書いたし、歌にも詠んだ。気心が知れているので、ただ思って

いることを素直に歌を詠んだだけで、心は通じよう。

（阿仏）夜《よ》もすがら涙《なみだ》《波》も文《ふみ》も書《か》き《掻き》敢《あ》へず磯《いそ》越《こ》す風《かぜ》に独《ひと》り起《お》き居《ゐ》て

（夜通し、お姉様に手紙を書き綴っても、思いの丈《たけ》をすべて書き尽くすことはできません。また、夜通し、波の音が聞こえてきて、私の心を寂しくさせるので、私の袖の涙をすべて掻《か》き払うこともできません。磯を越えて浪が押し寄せたのではないかと錯覚するほどに、風が轟々《ごうごう》と吹いてくるので、私は眠ることもできずに起きています。）

また、姉君と同じように、都に残って私のことを恋い慕ってくれているだろう妹にも、一筆啓上しようと思ったので、鎌倉の海で採れた海藻の、ちょっとした切《き》れ端《はし》を紙に包《くる》み込んで贈ってあげるついでに、歌を詠んだ。妹は、尼なので、「海人《あま》」と「尼《あま》」の掛詞を詠んでみた。

（阿仏）徒《いたづ》らに布《め》刈《か》り塩《しほ》焼《や》く遊《すさ》びにも恋《こひ》しや慣《な》れし里《さと》の海人《あまびと》《尼》

（私は今、鎌倉の海岸に住んでいるので、時折、慣れない仕種《しぐさ》で海藻を拾ったり、海水を煮詰めて塩を作ったりしていますが、うまくいきません。そんな時には、仕事に習熟した、手慣れた海人《あま》の助けがあったならなあ、と思います。同じように、私は気の利《き》く尼であるあなたの援助が得られない鎌倉で暮らしていますので、何かと不便しています。

心から、あなたの助けが欲しいです。）

暫くしてから、都の姉と妹からの返事が届いた。「どういう返歌が書かれているのだろうか」と思っただけでも、胸が締めつけられる。早速、手紙を繙《ひもと》いた。姉君の歌。

（阿仏の姉）玉章《たまづさ》を見《み》るに涙《なみだ》《波》の掛《か》かるかな礒越《いそこ》す風《かぜ》は聞《き》く心地《ここち》して

（あなたの手紙に書かれた歌を見ただけで、波のような涙があふれてきて、それが袖の上に落ち、さらにはあなたの手紙の上にも降《ふ》り掛かります。あなたは、鎌倉の海辺に住んでいて、磯を越えてくる凄まじい風の音に心を傷めておられるようですが、私も都にいながらにして、あなたが鎌倉で聞いている波の音や風の音を聞いているかのような気持ちになり、心が掻きむしられます。）

この姉君は、村上源氏の家系である「中院《なかのいん》の中将《ちゅうじょう》」と申し上げた殿方の妻である。その夫君は、三位《さんみ》を極位《ごくい》として引退し、現在は出家している。そのため、まだ在世中ではあるが、妻とは離れて暮らしている。彼は妻と会うこともなく、仏道三昧《ざんまい》の日々である。

妹からの手紙も、私が「徒《いたづ》らに布刈《めか》り塩焼《しほや》く」と詠み送った歌の返事を、細々《こまごま》と書いていた。彼女は、「お姉さんは、鎌倉にいて、都に残った私を恋い慕って涙をこぼしていらっしゃるそうですが、都のほうでも、私もお姉さんを偲んで、枕の下には涙の海が漫々《まんまん》と湛《たた》えられているほどです」と、心優しく書いていた。その妹の歌。

(阿仏の妹)諸共《もろとも》に布刈《めか》り塩焼《しほや》く浦《うら》ならば却々《なかなか》袖《そで》に波《なみ》は掛《か》けじを

(お姉さんと一緒に鎌倉の海辺で暮らしているのであれば、たとえ海辺で海藻を拾ったり、海水を煮詰めて塩を作ったりして、多少の水で袖が濡れることはあったとしても、かえって濡れる度合いは、今よりはひどくはなかったでしょう。今のように、離れ離れに暮らして孤独に苦しみ、涙が袖を濡らすことはないからです。)

この妹は、かつて私もお仕えしていた安嘉門院様に女房としてお仕えしていた。仕事がら、やんごとない方々の機密に触れる機会も多く、それらは他人には口外してはならないはずではあるが、姉である私には心を許して、何かと教えてくれている。それが、姉に甘えているようでもあり、面白い。

［評］ 気心の知れた姉妹との往復書簡である。鎌倉の海で採れる海藻類を同封しているのが、楽しい。『枕草子』の「凄《すさ》まじき物《もの》」に、「他《ひと》の国《くに》より、致《おこ》せたる文《ふみ》の、物無《ものな》き」とある。「他《ひと》の国《くに》」は、「都から遠く離れた地方、田舎」という意味である。『十六夜日記』は、その逆で、手紙に添えて、地方の特産物

を都人に届けたのである。これまでには明記されていないけれども、娘や、式《しき》乾門院《かんもんいん》の御匣殿《みくしげどの》への手紙にも、歌に添えて、鎌倉の物産が添えられていたことだろう。

妹の名前（女房名）は、「安嘉門院美濃《みの》」と言ったらしい。彼女にも歌心があったようで、「人恋《ひとこ》ふる涙《なみだ》の海《うみ》は、都《みやこ》にも、枕《まくら》の下《した》に湛《たた》へて」という文面は、紀友則の「敷妙《しきたへ》の枕《まくら》の下《した》に海《うみ》は有《あ》れど人《ひと》を見《み》る目《め》《海松布（みるめ）》は生《お》ひずぞ有《あ》りける」（『古今和歌集』）を踏まえている。阿仏尼が鎌倉から妹に贈ったのは、「海松布《みるめ》」だったのかもしれない。

なお、この部分、「都《みやこ》にも、枕《まくら》の下《した》に立《た》たでこそ」（お姉様を思う私の目から、涙が枕の下に立たないことがありましょうか）とする写本がある。

なお、阿仏尼に対して批判的だった源承《げんしょう》は、『源承和歌口伝《くでん》』で、阿仏尼姉妹三人が「打《う》ち続《つづ》き」死去したという事実を書き記した後で、それがいかにも和歌の神様の罰だったかのような感想を述べている。

28 再び、娘との往復書簡

程無《ほどな》く、年暮《としく》れて、春《はる》にも成《な》りにけり。

霞《かす》み籠《こ》めたる眺《なが》めのたどたどしさ、谷《たに》の戸《と》は隣《となり》なれども、鶯《うぐひす》の初音《はつね》だにも訪《おとづ》れ来《こ》ず。思《おも》ひ慣《な》れにし春《はる》の空《そら》は、忍《しの》び難《がた》く、昔《むかし》の恋《こひ》しき程《ほど》にしも、又《また》、「都《みやこ》の便《たよ》り有《あ》り」と告《つ》げたる人有《ひとあ》れば、例《れい》の、所々《ところどころ》への文《ふみ》、書《か》く中《なか》に、「躊躇《いざよ》ふ月《つき》」と音信《おとづ》れ給《たま》へりし人《ひと》の御許《おんもと》へ、

(阿仏)朧《おぼろ》なる月《つき》は都《みやこ》《見》の空《そら》ながら未《ま》だ聞《き》かざりし波《なみ》の夜々《よるよる》《寄る寄る》

など、そこはかと無《な》き事《こと》どもを書《か》き聞《き》こえたりしを、確《たし》かなる所《ところ》より伝《つた》はりて、御返《おんかへ》り事《ごと》を、甚《いた》う程《ほど》も経《へ》ず、待《ま》ち見奉《みたてまつ》る。

(娘)寝《ね》られじな都《みやこ》《見》の月《つき》を身《み》に添《そ》へて慣《な》れぬ枕《まくら》の波《なみ》の夜々《よるよる》《寄る寄る》

[訳] こんな手紙をやりとりしているうちに、私が鎌倉に下ってきた弘安二年(一二七九)が暮れた。年が明けて、弘安三年となった。今年の新春を鎌倉で迎えることになろう

とは、去年のお正月には思いもしなかった。

ここで、新春の歌の見本として、自分の歌を掲げておこう。

『拾遺和歌集』の素性《そせい》法師の歌に、「あらたまの年《とし》立《た》ち返《かへ》る朝《あした》より待《ま》たるるものは鶯《うぐひす》の声《こゑ》」とある。『源氏物語』初音《はつね》の巻の冒頭にも引用されている名歌である。定家卿にも、「あらたまの年《とし》の明《あ》くるを待《ま》ちけらし今日《けふ》谷《たに》の戸《と》を出《い》づる鶯《うぐひす》」（『拾遺愚草』）という歌がある。

鎌倉でも、都と同じように春霞が立ちこめていて、あたり一面がぼうっと霞んでいる。前にも書いたが、私が住んでいるのは、「月影《つきかげ》の谷《やつ》」。鶯は、谷に棲《す》んでいると言われる。だから、「谷《たに》の戸《と》」（谷の出入り口）から、鶯は姿を現してくれるはずだ。けれども、月影の谷の出入り口は、私の仮寓のすぐ近くなのだけれども、鶯の初音《はつね》すら聞こえてこない。まして、鶯の姿は、まったく見かけない。

『拾遺和歌集』には、御堂関白《みどうかんぱく》（藤原道長《みちなが》）の「谷《たに》の戸《と》を閉《と》ぢや果《は》てつる鶯《うぐひす》の待《ま》つに音《おと》せで春《はる》も過《す》ぎぬる」という歌も載っているが、月影の谷の「戸」も、ぴったり閉じられているのかもしれない。

ずっと都で暮らしてきたので、私の体には「春とは、こういうものだ」という感覚が染《し》みこんでいる。それが、鎌倉の春では感じられない。懐かしい都の空を恋しく思い出している折も折、また、「都へ向かう幸便がある」という情報を教えてくれた人がいた。早速、都の懐かしい人々の顔を思い浮かべては、あの人に、この人にと、手紙を書き認《したた》めた。

中でも、私が大切に思っているのは、我が子ながら、後深草院の姫宮をお生みなさった娘である。彼女は、私が鎌倉に到着してすぐに、「ゆくり無《な》く憧《あくが》れ出《い》でし十六夜《いざよひ》の月《つき》や後《おく》れぬ形見《かたみ》なるべき」という歌を送ってくださった。そのお方へお送りした歌。鶯ではなく、朧月《おぼろづき》を歌の中心に据えて詠んでみた。

（阿仏）朧《おぼろ》なる月《つき》は都《みやこ》《見》の空《そら》ながら未《ま》だ聞《き》かざりし波《なみ》の夜々《よるよる》《寄る寄る》

（私は、鎌倉でお正月を迎えました。ぼんやりと霞んだ空は、都で見慣れた新春の空と同じですけれども、都ではまだ聞くことのなかった、波がはてしなく打ち寄せる音を、毎晩聞いています。その音で、ここが都ではなく異郷であることに気づき、何とも寂しい気持ちになっています。）

この歌の「波《なみ》の夜々《よるよる》」は「波《なみ》の寄《よ》る寄《よ》る」の掛詞であり、『源氏物語』須磨の巻の有名な一節、「須磨《すま》には、いとど心尽《こころづ》くしの秋風《あきかぜ》に、海《うみ》は少《すこ》し遠《とほ》けれど、行平《ゆきひら》の中納言《ちゆうなごん》の、『関吹《せきふ》き越《こ》ゆる』と言《い》ひけむ浦波《うらなみ》、夜々《よるよる》《寄る寄る》は、げに、いと近《ちか》く聞《き》こえて、またなく哀《あは》れなる物《もの》は、斯《か》かる所《ところ》の秋《あき》なりけり」を踏まえている。須磨を鎌倉に、秋を春に置き換えて詠んでみたのである。
この歌のように、取り立てて大切な用件はないのだけれども、とりとめのないことを、心に思い浮かぶままに手紙に書いて、お送りした。この手紙は、私が託した人から、確かな人の手を経《へ》て、娘に手渡されたと思われる。そして、確かな人の手を通って、彼女からのお返事が来るのを、今か今かと待ち受けていたが、それほど時間の隔たりはおかず、返信を読むことができた。

（娘）寝《ね》られじな都《みやこ》《見》の月《つき》を身《み》に添《そ》へて慣《な》れぬ枕《まくら》の波《なみ》の夜々《よるよる》《寄る寄る》

（さぞかし、旅の空の下では、心静かにお寝《やす》みになることはできないでしょう。十六夜《いざよい》の月を見ながら、旅立たれた母上様は、都で見た月をそのまま、鎌倉までお連れになったのでしょう。けれども、月は都の月と同じでも、荒々しい波の寄る音が、毎晩、枕近くで聞こえるというのでは、さぞかしお心苦しいことでありましょう。）

［評］新年最初の記念すべき手紙は、やはり娘宛《あ》てだった。この娘は後深草院の姫宮を生んだとされるが、この「姫宮」について、当時の記録類にその事績は見当たらない。だからと言って、この「姫宮」の実在を疑うことはないだ

ろう。同じく後深草院に仕えた二条は、『とはずがたり』という名作を残しているが、彼女に関しても当時の記録類や歌書などから事績を辿ることはほとんどできない。

「霞《かす》み籠《こ》めたる眺《なが》めのたどたどしさ」を、「霞《かす》み籠《こ》めたる眺《なが》めの末《すゑ》は、いとどしく」とする写本がある。「眺めの末」という美しい言葉を用いた和歌は多いが、ここでは「扶桑拾葉集」の本文で解釈した。

「思《おも》ひ慣《な》れにし春《はる》の空《そら》」の歌の背後には、寂蓮の「恨《うら》み侘《わ》び待《ま》たじ今《いま》はの身《み》なれども思《おも》ひ慣《な》れにし夕暮《ゆふぐれ》の空《そら》」（『新古今和歌集』）があるのだろう。寂蓮の歌は、恋心を女性の立場で歌っている。男は、自分を訪《たず》ねてこなくなった。悲しみのあまりに命も無くなってしまいそうな状態なのに、女は、これまでの永い習慣で、夕暮になると無意識のうちに男を待ってしまう、という設定である。『十六夜日記』でも、阿仏尼は、鶯だけでなく、春を告げてくれる景物の訪れを、無理だとは百も承知のうえで、鎌倉で待ち望んでいるのである。その一つが、都からの便りなのだった。

29 再び、藤原為子との往復書簡

権中納言《ごんちゆうなごん》の君《きみ》は、紛《まぎ》るる事無《ことな》く、歌《うた》を詠《よ》み給《たま》ふ人《ひと》なれば、此《こ》の程《ほど》、手習《てならひ》にしたる歌《うた》ども、書《か》き《掻き》集《あつ》めて奉《たてまつ》る。(阿仏)「海近《うみちか》き所《ところ》なれば、貝《かひ》など拾《ひろ》ふ折《をり》も、名草《なぐさ》《慰(なぐさ)》の浜《はま》ならねば、猶《なほ》、無《な》き心地《ここち》して」など、書《か》きて、

(阿仏)如何《いか》にして暫《しば》し都《みやこ》を忘《わす》れ貝波《がひなみ》《無(な)み》の隙無《ひまな》く我《われ》ぞ砕《くだ》くる

(阿仏)知《し》らざりし浦山風《うらやまかぜ》も梅《むめ》が香《か》は都《みやこ》に似《に》たる春《はる》の曙《あけぼの》

(阿仏)晴《は》れ曇《くも》り眺《なが》めて渡《わた》る浦風《うらかぜ》に霞漂《かすみただよ》ふ春《はる》の夜《よ》の月《つき》

(阿仏)東路《あづまち》の磯山風《いそやまかぜ》の絶《た》え間《ま》より波《なみ》さへ花《はな》の面影《おもかげ》に立《た》つ

(阿仏)都人思《みやこびとおも》ひも出《い》でば東路《あづまち》の花《はな》や如何《いか》にと音信《おとづ》れてまし

など、唯《ただ》、筆《ふで》に任《まか》せて、思《おも》ふままに、急《いそ》ぎたる使《つか》ひとて、書《か》き止《さ》す様《やう》なりしを、又《また》、程経《ほどへ》ず、返《かへ》し給《たま》へり。(藤原為子)「日頃《ひごろ》の覚束無《おぼつかな》さも、此《こ》の文《ふみ》に、霞晴《かすみは》れぬる心地《ここち》して」など、有《あ》り。

（藤原為子）頼《たの》むぞよ潮干《しほひ》に拾《ひろ》ふ空貝《うつせがひ》甲斐《かひ》《貝》有《あ》る波《なみ》の立《た》ち返《かへ》《帰る》る世《よ》を

（藤原為子）比《くら》べ見《み》よ霞《かすみ》の中《うち》の春《はる》の月晴《つきは》れぬ心《こころ》は同《おな》じ眺《なが》めを

（藤原為子）白波《しらなみ》の色《いろ》も一《ひと》つに散《ち》る花《はな》を思《おも》ひ遣《や》るさへ面影《おもかげ》に立《た》つ

（藤原為子）東路《あづまぢ》の桜《さくら》を見《み》ても忘《わす》れずは都《みやこ》の花《はな》を人《ひと》や問《と》はまし

［訳］「権中納言《ごんちゅうなごん》の君」は、前にも名前を記したことがあるが、専門歌人として著名な藤原為子《ためこ》殿のことである。京極為兼《ためかぬ》殿の姉君に当たられる。彼女は、系譜上は、私の義理の孫であるが、ひたすら「歌の道」に専心して生きておられる方なので、私も特別の親近感を抱いている。私よりもかなり若いけれども、必ずや和歌の道を究めた女性歌人に成長されるものと期待している。

私が鎌倉滞在中に、所在なさのあまりに、心に浮かんできた歌を「手習《てならい》」として書き認《したた》めたものが、かなりの数になったので、まとめて為子殿にお送りして、御覧に入れることにした。こう言っては何だが、意欲作というか、自信作ぞろいである。

私の歌を披露する前に、詞書《ことばがき》のようにして、近況報告を書いた。

「私の住まいは海に近い所ですので、貝を拾うこともあります。けれども、ここは鎌倉です。心が慰められるという紀州の名草《なぐさ》の浜《はま》（現在の和歌山市）ではありませんので、やはり、都のことを忘れられる良薬である忘れ貝は、鎌倉の海で私が拾い集める貝の中には入っていないようです」。

そして、五首、歌を書き連ねた。一首目は、詞書から続けて、「貝」をテーマとした。

（阿仏）如何《いか》にして暫《しば》し都《みやこ》を忘《わす》れ貝波《がひなみ》《無(な)み》隙無《ひまな》く我《われ》ぞ砕《くだ》くる

（どうにかして、恋しい都のことを少しでも忘れたいと思って、忘れ貝を拾おうとしましたが、鎌倉の浜辺に忘れ貝は落ちてはいませんでした。ひっきりなしに、波が打ち寄せ、砕け散っていましたが、私の心までもが砕け散るように感じられたことです。）

二首目は、「浦山風《うらやまかぜ》」という珍しい言葉を、意識的に用いた。この新鮮な言葉を、為子殿がどう評価なさるか、楽しみだった。

（阿仏）知《し》らざりし浦山風《うらやまかぜ》も梅《むめ》が香《か》は都《みやこ》に似《に》たる春《はる》の曙《あけぼの》

（こちらに来るまで、こんなに激しい山風が鎌倉の浦で吹くことを知りませんでした。けれども、春になって風が伝えてくる匂いは、都で春の曙に慣れ親しんだ風とよく似ていることに気づきました。どちらも、馥郁《ふくいく》とした梅の香りがします。鎌倉の浦にも梅が咲いているのでしょう。)

三首目は、「浦山風」よりは地味で、一般的な「浦風」を詠んでみた。

(阿仏)晴《は》れ曇《くも》り眺《なが》めて渡《わた》る浦風《うらかぜ》に霞漂《かすみただよ》ふ春《はる》の夜《よ》の月《つき》

(今宵の空は、晴れたかと思えば、すぐ曇るようです。その情景を眺めていましたところ、浦風が吹き渡っているのに気づきました。その風で霞が動き始め、そのために春の夜の月が見え隠れしていたのです。)

この歌は、「浦風」は普通の言葉ではあるものの、「霞漂《かすみただよ》ふ」の箇所が私の工夫であり、自慢である。立ち籠《こ》めている霞全体が風に漂う、という見方を歌ったのは、私の独創ではないか、と秘かに自負する。

四首目は、再び「磯山風《いそやまかぜ》」という新奇な言葉を詠んだ。

(阿仏)東路《あづまち》の磯山風《いそやまかぜ》の絶《た》え間《ま》より波《なみ》さへ花《はな》の面影《おもかげ》に立《た》つ

(この東国では、磯辺の山風がいつも強く吹いています。けれども、ちょっとした風の絶え間には、波が白い飛沫《しぶき》を上げているのが見えます。その白い波頭《なみがしら》が、まるで都で見慣れていた白い花のように思えることです。)

五首目は、これらの私の歌に対して、為子殿が、どのような返歌をくださるのか、楽しみにしています、という挨拶の気持ちを詠んだ。

（阿仏）都人思《みやこびとおも》ひも出《い》でば東路《あづまぢ》の花《はな》や如何《いか》にと音信《おとづ》れてまし

（都にいらっしゃる為子殿。鎌倉にいる私のことを思い出してくださるのでしたら、きっと、「東国の春はいかがですか、都にはない、良いところが何かありますか」と尋ねて下さることでしょう。素晴らしい歌のお返事を、心からお待ちしております。）

このように、ひたすら興に乗って、不思議なくらいに、新しい言葉が次から次へと心に浮かび、歌となって紡ぎ出されるのを、手紙に書き取った。都への使者は、急な旅立ちで急いでいるようだったので、私の手紙には、心のすべてを書き尽くせない憾《うら》みが、それでも残った。

為子殿は、前回もそうだったが、お返事をくださった。それも、折り返し、すぐに。

為子殿は、「あなたがどうしておいでかと心配していましたが、お手紙と和歌五首を読みまして、すっかり安心しました。新しい言葉を歌に詠むなど、お元気そのものでしたから。立ち籠《こ》めていた霞が風の力ですっかり晴れるように、私の心配など雲散霧消しました」と記してあった。

私の一首目への返歌。

（藤原為子）頼《たの》むぞよ潮干《しほひ》に拾《ひろ》ふ空貝《うつせがひ》甲斐《かひ》《貝》有《あ》る波《なみ》の立《た》ち返《かへ》る《帰る》世《よ》を

（あなたは鎌倉の海で、忘れ貝が見つからず、中身のない空貝《うつせがい》を拾っておられるそうですが、わざわざ鎌倉まで下向して、幕府の問注所《もんちゅうじょ》で訴訟を起こされた「甲斐《かい》」という「貝《かい》」が見つかって、宿願を果たして都に意気揚々《いきようよう》と帰ってこられる日が来ることを、私は待望しています。）

ところが、私の二首目の「浦山風」に対する返歌は、なぜか書かれていなかった。やはり、「浦山風」という言葉が彼女には奇異に思われて、返歌を思いつかなかったのかもしれない。

三首目への返歌。

（藤原為子）比《くら》べ見《み》よ霞《かすみ》の中《うち》の春《はる》の月晴《つきは》れぬ心《こころ》は同《おな》じ眺《なが》めを

（鎌倉の霞も、絶え間があったりなかったり、春の月を見せたり隠したりして、落ちつかないそうですが、それは都にいる私でも同じことです。きれいさっぱり、晴れ晴れしい気持ちになることは、ありません。あなたのモヤモヤと、私のモヤモヤとを比べてみてほしいものです。）

この歌の「同《おな》じ眺《なが》め」という言葉は、慈円《じえん》（慈鎮《じちん》）の、「思《おも》ひ出《い》でば同《おな》じ眺《なが》めに返《かへ》るまで心《こころ》に残《のこ》れ春《はる》の曙《あけぼの》」（『六百番歌合』『風雅和歌集』）という秀歌を思い出させる。「思《おも》ひ出《で》は」「心《こころ》に残《のこ》る」という本文もある。

四首目への返歌。またしても、私の「磯山風」という挑戦は、肩透かしだった。

（藤原為子）白波《しらなみ》の色《いろ》も一《ひと》つに散《ち》る花《はな》を思《おも》ひ遣《や》るさへ面影《おもかげ》に立《た》つ

（あなたは、鎌倉の海で白い波の花が砕け散るのを見ておられる。私は、都で白い花が落ちるのを見ています。同じような光景を眺めているあなたのお心を、私はよく理解しているつもりです。あなたの花のように白いお顔を、私はいつも思い浮かべていますよ。）

この歌の「面影に立つ」は、鴨長明《かものちょうめい》の「思《おも》ひ遣《や》る心《こころ》やかねて眺《なが》むらむ未《ま》だ見《み》ぬ花《はな》の面影《おもかげ》に立《た》つ」（『風雅和歌集』）という歌を連想させる。

そして、五首目への返歌。

（藤原為子）東路《あづまぢ》の桜《さくら》を見《み》ても忘《わす》れずは都《みやこ》の花《はな》を人《ひと》や問《と》はまし

（東国で桜の花を見て、都と変わらないとおっしゃっているのは、都をお忘れになったのですか。あなたのほうこそ、「都の花は、いかがですか。私は東国の桜では満足できませんから、早く都に戻りたいです」とお尋ねになるべきです。）

［評］　阿仏尼が和歌の未来を託している藤原（京極）為子との往復書簡である。それぞれ五首ずつの贈答歌のはずだが、為子からの返歌は、一首少ない。単なる「書き漏らし」では面白くないので、ここでは［訳］のような解釈を試みた。

最後の贈答が、特に面白い。

（阿仏）都人《みやこびと》思《おも》ひも出《い》でば東路《あづまち》の花《はな》や如何《いか》にと音信《おとづ》れてまし

（藤原為子）東路《あづまち》の桜《さくら》を見《み》ても忘《わす》れずは都《みやこ》の花《はな》を人《ひと》や問《と》はまし

この贈答は、『後拾遺和歌集』の歌を連想させる。

東《あづま》に侍《はべ》りける姉妹《はらから》の許《もと》に、便《たよ》りに付《つ》けて、遣《つか》はしける　源兼俊母《かねとしのはは》

匂《にほ》ひきや都《みやこ》の花《はな》は東路《あづまち》に東風《こち》の返《かへ》しの風《かぜ》に付《つ》けしは

返《かへ》し　康資王母《やすすけわうのはは》

吹《ふ》き返《かへ》す東風《こち》の返《かへ》しは身《み》に沁《し》みき都《みやこ》の花《はな》の導《しるべ》と思《おも》ふに

この贈答は、『宇治拾遺物語』巻三にも載っている。高階成順《たかしなのなりのぶ》と伊勢大輔《いせのたいふ》の間に生まれた娘たちの人生が、波瀾万丈だったのである。常陸の国から訴訟のために都に出て来た男が、成順と伊勢大輔の娘を盗んで東国に連れ帰るという、数奇な話である。「訴訟」という点で、『十六夜日記』と共通している。しかも、

阿仏と藤原為子は年は離れているものの「姉妹」も同然である。ただし、常陸へ下った成順と伊勢大輔の娘は田舎人に成り果てたが、阿仏には早く都に戻ってきてほしいと、為子は願っている。

30 三度《みたび》、藤原為子との往復書簡――「瘧病《わらわやみ》」に罹《かか》って

弥生《やよひ》の裾《すそ》つ方《かた》、若々《わかわか》しき瘧病《わらはやみ》にや、日交《ひま》ぜに瘧《おこ》る事《こと》、二度《ふたたび》に成《な》りぬ。奇《あや》しう、萎《しを》れ果《は》てたる心地《ここち》しながら、三度《みたび》に成《な》るべき暁《あかつき》より起《お》き居《ゐ》て、仏《ほとけ》の御前《おんまへ》にて、心《こころ》を一《ひと》つにして、『法華経《ほけきやう》』を誦《よ》みつ。其《そ》の験《しるし》にや、名残《なごり》も無《な》く落《お》ちたる折《をり》しも、都《みやこ》の便《たよ》り有《あ》れば、（阿仏）「斯《か》かる事《こと》こそ」など、故郷《ふるさと》へも告《つ》げ遣《や》る序《つい》でに、例《れい》の、権中納言《ごんちゆうなごん》の御許《おんもと》へ、「旅《たび》の空《そら》にて、危《あや》ふき程《ほど》の心細《こころぼそ》さも、さすがに、保《たも》つ御法《みのり》の験《しるし》にや、今日《けふ》までは掛《か》け留《とど》めて」と書《か》きて、

（阿仏）徒《いたづ》らに海人《あま》《尼》の塩焼《しほや》く煙《けぶり》とも誰《たれ》かは見《み》まし風《かぜ》《風邪》に消《き》えなば

と聞《き》こえたりしを、驚《おどろ》きて、返《かへ》り事《ごと》、疾《と》く、し給《たま》へり。

（藤原為子）消《き》えもせじ和歌《わか》の浦路《うらぢ》に年《とし》を経《へ》て光《ひかり》を添《そ》ふる海人《あま》の藻塩火《もしほび》

（藤原為子）「御経《みきやう》の験《しるし》、いと尊《たふと》くて」、尼

（藤原為子）頼《たの》もしな身《み》に添《そ》ふ友《とも》と成《な》りにけり妙《たへ》なる法《のり》の花《はな》の契《ちぎ》りは

【訳】早いもので、春も残りわずかとなった三月の下旬に、私は体調を崩した。五十歳を越えた老女の私が、こともあろうに、子どもがよく罹《かか》るという「瘧病《わらわやみ》」に罹ったようなのだ。それにしても、とんでもない病に罹ってしまった。これが、もしも本当に瘧病ならば、何日か置きに、決まった時間に高熱を発するという難病である。『源氏物語』の光る君も、十八歳でこの病に苦しんで、北山まで加持祈禱《かじきとう》に出向いた。そこで、若紫の君、後《のち》の紫の上と運命の出会いをしたのは、有名な話である。私は、既に都から鎌倉まで旅をしてきているので、もう、どこへも行けない。旅先の鎌倉で、治療するしかない。

やはり、瘧病なのだろう、高熱の発作が、二度目も起こった。

なぜ老齢の私が、こんな病気に罹ったのか、理由がわからず、不思議でならない。だが、発作に苦しむ私には、自分が病気に罹った理由を考える余裕などなく、ぼんやり、しょん

ぼりとして、発作が治まるのをひたすら待つしかなかった。

そして、三度目の高熱の発作が起きると予想される日は、まだ暗い暁の時間帯から起きだして、仏様の前にきちんと座って、心の底から『法華経《ほけきょう》』を唱えて、治癒を祈った。

その効果があったのだろうか、その日はまったく発作が起きなかった。全快、と言ってもよいだろう。その喜びの最中《さなか》、鎌倉から都へ向かう幸便があったので、早速手紙を書いた。「こんな大病をしましたが、無事に治りましたよ」と、都に残った家族たちへ告げ知らせたことは、言うまでもない。

そのついでに、いつも和歌を贈答している権中納言《ごんちゅうなごん》の君《きみ》（藤原為子殿）にも、手紙を書いた。「私は、生活の本拠地である都を離れている旅の最中《さなか》、旅先の滞在地で不慮の死を迎えるのが自分の運命だったのかと、一時は覚悟していました。とは言え、いざ死ぬとなると、後《あと》に残る者たちへの遺産を、何一つ自分は残してあげられなかったという慙愧《ざんき》の念に駆られた私は、死ぬに死ねない心境でした。それでも、最後に私がお縋りした『法華経』の尊い教えのお力で、どうにかこうにか、今日まで命永らえることができたのです」などと書き連ねて、その後に歌を書き記した。

（阿仏）徒《いたづ》らに海人《あま》《尼》の塩焼《しほや》く煙《けぶり》とも誰《たれ》かは見《み》まし風《かぜ》《風邪》に消《き》えなば

（私は、都を遠く離れた鎌倉の海辺で、燈《とも》し火《び》が風に吹き消されるように、風邪《かぜ》――瘧《わらわ》病《やみ》――のために命を失ってしまいそうになりました。もし、火葬されたとしても、その火葬の煙を見た人は、海人《あま》たちが海水を煮詰めて塩を作っている煙なのだろうか、とすら思ってくれないでしょう。尼である私は、ここで無駄死にをしてしまったかもしれないのです。）

このように為子殿に申し上げたところ、さすがに彼女もびっくりなさったようで、予想していたよりも早く、お返事があった。

（藤原為子）消《き》えもせじ和歌《わか》の浦路《うらぢ》に年《とし》を経《へ》て光《ひかり》を添《そ》ふる海人《あま》の藻塩火《もしほび》

（あなたのお命が、細川の庄の帰属が決定しない今の段階で、この世から消え失《う》せてしまうなどということが、あってよいはずがありません。俊成卿・定家卿から続く「和歌の道」を護《まも》り続け、為家殿の子孫を、さらにいっそう輝かせるのが、あなたの使命です。あなたは、これまでずっと、和歌の道に精進してこられました。海人《あま》たちの藻塩を焼く火が消えないように、尼《あま》であるあなたの命と、御子左家の栄光が、この世から消えるはずがございません。）

為子殿は、「それにしても、『法華経』のお力は、まことに尊いものがありますね」と書いて、その後に、歌も添えていた。

（藤原為子）頼《たの》もしな身《み》に添《そ》ふ友《とも》と成《な》りにけり妙《たへ》なる法《のり》の花《はな》の契《ちぎ》りは

（何と頼もしいことでしょう。『法華経』、つまり『南無妙法蓮華経《なむみょうほうれんげきょう》』では、悩める衆生《しゅじょう》を救って上げようという、仏様の教えが説かれています。その尊い教えが、あなたの身と心と命をお守りする「友」となっていますのは、まことに素晴らしいことです。）

【評】　旅の文学には、旅先に滞在中に、大いなる試練に直面し、命の危険に陥るという、お定まりの類型（＝話型《わけい》）がある。光源氏の須磨流離では、大雷雨に襲われて、命の危険に直面している。『十六夜日記』では、阿仏の病が、旅先での危険に該当する。ただし、『源氏物語』では、青年の旅なのだが、『十六夜日記』は「老年の旅」である。命の危険度は、『源氏物語』よりも格段に高い。五十歳を越えた阿仏が患ったのは「瘧病《わらわやみ》」。『源氏物語』若紫の巻で、光源氏が瘧病《わらわやみ》の加持祈禱のために北山に赴いたのは、十八歳の春だった。

ただし、源兼澄《かねずみ》に、次のような歌がある。

年老《としお》いて、瘧病《わらはやみ》に患《わづら》ひて、呪《まじな》ひ歩《あり》きしに、斎院《さいゐん》辺《わた》りに、長官《かみ》の家《いへ》に行《い》

きたるに、物覚《ものおぼ》えず、瘧《おこ》りたるに、「垣根《かきね》の鶯《うぐひす》、花翫《はなもてあそ》ぶ」と言《い》ふ心《こころ》、人々詠《ひとびとよ》みしに

老病《おいやみ》に頭《かしら》の髪《かみ》も白《しら》くれて垣根《かきね》の花《はな》も面慣《おもな》れにけり

（『兼澄集』）

「わらはやみ」の中には「わらは＝童」という言葉が入っている。「老病《おいやみ》」は老人の病という意味だが、兼澄は、「わらはやみ」の裏返しとしての「老病」を歌っている。

阿仏が詠んだ、「徒《いたづ》らに海人《あま》の塩焼《しほや》く煙《けぶり》とも誰《たれ》かは見《み》まし風《かぜ》に消《き》えなば」という歌は、火葬の煙がテーマである。『源氏物語』蜻蛉《かげろう》の巻で、浮舟の火葬がなされた。失踪した浮舟の遺骸は見つからなかったので、異例のことではあるが、遺骸のない火葬が行われた。「いと儚《はかな》くて、煙《けぶり》は果《は》てぬ」とある。阿仏は、それを踏まえて、自分は老齢なので、身体も小さく、火葬の煙もそれほどの量は立ちのぼらないだろうと歌っている。

阿仏から「瘧病《わらわやみ》」に罹ったという手紙をもらった為子は、驚いた。為子の二首の歌は、「消《き》えもせじ」「頼《たの》もしな」と、どちらも初句切れである。為子の驚き、安堵、感動が表れている。「頼もしな」の初句切れの用例としては、『実材《さねきの》

母集《ははのしゅう》』の歌がある。

頼《たの》もしな教《をし》へし法《のり》の燈火《ともしび》の光《ひかり》に道《みち》も迷《まよ》はざるらむ

この歌の作者、藤原（西園寺）実材の母は、白拍子出身である。この歌も、為子も、仏法の教えを「頼もしな」と讃仰している。

「心《こころ》を一《ひと》つにして、『法華経《ほけきやう》』を誦《よ》みつ」の部分を、「『法華経《ほけきやう》』八巻《やまき》を」とする写本がある。『法華経』は全八巻、二十八品《ほん》から成る。後者だと、その全巻を心を込めて読誦したことになる。

冒頭の「裾《すそ》つ方《かた》」は、「末《すゑ》つ方《かた》」とある写本がほとんどである。また、「旅《たび》の空《そら》にて、危《あや》ふき程《ほど》の心細《こころぼそ》さも」の部分も、「旅《たび》の空《そら》にて、魂極《たまきは》るまでや、と危《あや》ふき程《ほど》の心細《こころぼそ》さも」と、命の危険を強調する写本もある。

31　四度《よたび》、藤原為子との往復書簡――時鳥《ほととぎす》をめぐって

卯月《うづき》の始《はじ》めつ方《かた》、便《たよ》り有《あ》れば、又《また》、同《おな》じ人《ひと》の御許《おんもと》へ、去年《こぞ》の春《はる》・夏《なつ》の恋《こひ》しさなど書《か》きて、

(阿仏)見《み》し世《よ》こそ変《か》はらざるらめ暮《く》れ果《は》てし春《はる》より夏《なつ》に移《うつ》る梢《こずゑ》も

(阿仏)夏衣《なつごろも》早《はや》裁《た》ち変《か》へて都人《みやこびと》今《いま》や待《ま》つらむ山時鳥《やまほととぎす》

其《そ》の返《かへ》し、又《また》、有《あ》り。

「(藤原為子)草《くさ》も木《き》も去年《こぞ》見《み》しままに変《か》はらねど有《あ》りしにも似《に》ぬ心地《ここち》のみして

然《さ》て、時鳥《ほととぎす》の御尋《おんたづ》ねこそ、

(藤原為子)人《ひと》よりも心《こころ》尽《つ》くして時鳥唯一声《ほととぎすただひとこゑ》を今日《けふ》ぞ聞《き》きつる

実方《さねかた》の中将《ちゆうじやう》の、五月《さつき》まで、時鳥《ほととぎす》聞《き》かで、陸奥国《みちのくに》より、

(藤原実方)都《みやこ》には聞《き》き古《ふる》すらむ時鳥《ほととぎす》関《せき》の此方《こなた》の身《み》こそ辛《つら》けれ

とかや申《まう》されたる事《こと》の候《さうら》ふな。其《そ》の例《ためし》と思《おも》ひ出《い》でられて、此《こ》の文《ふみ》こそ、殊《こと》に優《やさ》しく」など、書《か》き遣《おこ》せ給《たま》へり。

[訳] 弘安三年も、夏に入った。四月の上旬に、鎌倉から都へと向かう幸便《こうびん》があったので、また、為子殿に宛《あ》てて手紙を書いた。和歌を通して得た友は、年齢を超えて、生涯の

友となるらしい。去年の今頃は、私も都にいた。春や夏には、季節の花や鳥などにつけて、彼女とは何かと和歌のやり取りをして楽しかった。再び、そのような日々が戻ってきてほしいという気持ちを、文面に書いた。

私からの贈歌は、二首。一首目は、鎌倉の庭の梢《こずえ》が青く茂っている様子を見ているうちに湧いてきた思いを詠んだもの。

(阿仏)見《み》し世《よ》こそ変《か》はらざるらめ暮《く》れ果《は》てし春《はる》より夏《なつ》に移《うつ》る梢《こずゑ》も

(私が不在にしている都では、去年まで、私が当然のように見ていた景色が、今も変わらず眺められるのでしょうね。春が暮れてゆき、少しずつ夏へと季節が移り変わってゆく繊細な変化は、木々の梢に端的に表れるものですが、都の初夏の若葉が青葉になってゆく景色を、私も見たいものです。)

二首目は、夏の景物である時鳥《ほととぎす》をテーマとした。

(阿仏)夏衣《なつごろも》早《は》や裁《た》ち変《か》へて都人《みやこびと》今《いま》や待《ま》つらむ山時鳥《やまほととぎす》

(今頃、都では、人々が爽やかな気持ちで夏の装いに改めて、山時鳥がいつ鳴くか、早く鳴いてほしいと、待ち侘《わ》びていることでしょう。でも、この東国では、山時鳥が鳴き始める気配が、まったくありません。)

為子殿からの返書が、また届いた。

私の一首目の歌への返歌。

（藤原為子）草《くさ》も木《き》も去年《こぞ》見《み》しままに変《か》はらねど有《あ》りしにも似《に》ぬ心地《ここち》のみして

（草の花も、木々の梢も、去年の姿そのものですが、今年は、去年まで一緒に美しいと思って眺めていたあなたが、都におられないので、どこか空虚で、焦点の定まらない都の初夏です。）

彼女は、「そうそう、『都では時鳥が鳴きましたか』というお尋ねですが、それには和歌でお返事しましょう」と書いて、私の二首目の歌への返歌が記されていた。

（藤原為子）人《ひと》よりも心尽《こころつ》くして時鳥唯一声《ほととぎすただひとこゑ》を今日《けふ》ぞ聞《き》きつる

（私は、ほかの人よりも少しでも早く、時鳥の初音《はつね》が聞きたくて、あれこれと努力したのですが、まだ、たった一声を聞いただけです。それも、ついさっき、今日の出来事なのです。）

歌の後《あと》に、為子殿は、時鳥を詠んだ私の二首目の歌への感想を書いておられた。

「あなたの山時鳥の歌は、平安時代の藤原実方中将《さねかたちゅうじょう》の故事を踏まえておられるのでしょう。実方は、一条天皇の不興を買ってしまい、『歌枕《うたまくら》、見て参《まい》れ』と命じられて、陸奥《むつ》の守《かみ》に左遷されました。ところが、陸奥の国では、夏も盛りの五月になっても、まだ時鳥が鳴かなかったので、実方はそのことを歌に詠んで、都の人に送ってきたと言います。

（藤原実方）都《みやこ》には聞《き》き古《ふる》すらむ時鳥関《ほととぎすせき》の此方《こなた》の身《み》こそ辛《つら》けれ

（都では、とっくに時鳥の声を聞き飽きた頃でしょうか。それなのに、勿来《なこそ》の関《せき》のこちら側にある陸奥の国では、まだ一声も聞けないのですよ。風雅や風流から遠い陸奥での暮らしは、何とも耐えがたいことです。）

この実方中将の故事を、あなたは踏まえて、鎌倉で時鳥が聞けないという歌を、私に示されたのですね。何と風雅なお手紙だったことでしょう」。

こんな風流な為子殿からの手紙が、鎌倉に届いたのだった。

［評］藤原（京極）為子との「時鳥」問答が繰り広げられている。

季節の美学は、四季の部立《ぶだて》を持つ『古今和歌集』を源流とする。「都＝平安京」とその郊外の四季折々の自然（天象・動物・植物）が、人々の心に生起する感情を吸収し、精妙に写し取った。それが、連歌や俳諧の「季題」、さらには俳句の「歳時記」へと発展してゆく。

室町時代になると、連歌師が全国を旅し、都の文化のエッセンスを地方に伝《でん》播《ぱ》した。地方には数々の「小京都」が生まれ、地方の「都」化が試みられた。

北村季吟の『山《やま》の井《い》』（一六四七年）と『増山《ぞうやま》の井《い》』（一六六三年）は、和歌の美意識を基に、俳諧の季節感を組み入れている。その根底にあるのは、まだ、京都の季節感である。いわゆる「江戸情緒」が成立し、成熟したのは、江戸時代後期である。曲亭馬琴の『俳諧歳時記』は、十九世紀に入った一八〇三年の成立である。

鎌倉時代の武士たちは、京都の文化に学び、和歌の稽古に励んだ。ただし、鎌倉の四季は、ほとんど和歌の素材とならない。都の自然とは異なる世界だったのである。

阿仏が詠んだ「見《み》し世《よ》こそ変《か》はらざるらめ暮《く》れ果《は》てし春《はる》より夏《なつ》に移《うつ》る梢《こずゑ》も」という歌の下の句は、鎌倉では見ることのできない都の美しい自然を懐かしんでいる。晩春から初夏に移り変わる時期の木々の梢は、都ならではの瑞々《みずみず》しさに満ちている。

この情景は、『徒然草』第百三十九段にも通じている。

家《いへ》に有《あ》りたき木《き》は、松《まつ》・桜《さくら》。（中略）卯月《うづき》ばかりの若楓《わかかへで》、すべて、万《よろづ》の花《はな》・紅葉《もみぢ》にも勝《まさ》りて、めでたき物《もの》なり。

為子が引用した藤原実方《さねかた》の歌は、阿仏の夫・為家が撰者を務めた『続後撰《しょくごせん》和歌集』に入っている。二句目の表現が少し違っている。

陸奥《みち》の国《くに》の任《にん》に侍《はべ》りける頃《ころ》、五月《さつき》まで時鳥《ほととぎす》聞《き》かざりければ、都《みやこ》なる人《ひと》に、便《たよ》りに付《つ》けて、申《まう》し遣《つか》はしける　藤原実方朝臣

都《みやこ》には聞《き》き古《ふ》りぬらむ時鳥《ほととぎす》関《せき》の此方《こなた》の身《み》こそ辛《つら》けれ

返《かへ》し　読み人知らず

時鳥《ほととぎす》勿来《なこそ》の関《せき》の無《な》かりせば君《きみ》が寝覚《ねざめ》に先《ま》づぞ聞《き》かまし

この「読み人知らず」の返歌によって、実方の歌の「関《せき》の此方《こなた》」は、勿来の関だと解釈したい。ただし、在原元方《もとかた》の「音羽山《おとはやま》音《おと》に聞《き》きつつ逢坂《あふさか》の関《せき》の此方《こなた》に年《とし》を経《ふ》るかな」（『古今和歌集』）などによって、逢坂の関のこちら側とする解釈もある。また、白河の関とする説もある。

なお、阿仏の歌二首を記したあと、「其《そ》の返《かへ》し、又《また》、有《あ》り」の次、為子からの手紙の冒頭に、「打《う》ち捨《す》てられ奉《たてまつ》りにし後《のち》は」という長い語句が存在する写

本がある。為子が、阿仏尼のいない都の日々を寂しく思っていることが強調されている。

また、為子の歌の二首目「人《ひと》よりも心尽《こころつ》くして時鳥唯一声《ほととぎすただひとこゑ》を今日《けふ》ぞ聞《き》きつる」の「唯一声《ただひとこゑ》」を、「唯二声《ただふたこゑ》」とする写本もある。私には「一声」のほうが、時鳥の初音を待ち望む気持ちが切実に伝わってくると感じられるが、「二声」の方が趣が深い、とする説もあり、読者の感受性はさまざまである。

32　鎌倉の時鳥、後日譚

然《さ》る程《ほど》に、卯月《うづき》の末《すゑ》に成《な》りければ、時鳥《ほととぎす》の初音《はつね》、仄《ほの》かにも思《おも》ひ絶《た》えたり。人伝《ひとづ》てに聞《き》けば、「比企《ひき》の谷《やつ》と言《い》ふ所《ところ》に、数多《あまた》声《こゑ》鳴《な》きけるを、人聞《ひとき》きたり」など言《い》ふを聞《き》きて、

（阿仏）忍《しの》び音《ね》は比企《ひき》低（ひき）の谷《やつ》なる時鳥雲居《ほととぎすくもゐ》に高《たか》く何時《いつ》か名告《なの》らむ

など、独《ひと》り思《おも》へども、其《そ》の甲斐《かひ》も無《な》し。元《もと》より、東路《あづまぢ》は、陸奥《みちのおく》まで、昔《むかし》より時鳥《ほととぎす》稀《まれ》なる

慣《な》らひにや有《あ》りけむ。一筋《ひとすぢ》に、又《また》、鳴《な》かずは良《よ》し。稀《まれ》にも聞《き》く人有《ひとあ》りけるこそ、「人分《ひとわ》きしけるよ」と、心尽《こころづ》くしに、恨《うら》めしけれ。

［訳］ そうこうするうちに、四月も下旬になった。鎌倉では、時鳥《ほととぎす》が、まだ鳴かない。だから、私は、鎌倉で今年の夏の時鳥《ほととぎす》を、ほんの一声も聞いていない。一声だけでも聞きたいという願いも、諦めてしまった。

ただし、人から聞いた話では、「比企《ひき》の谷《やつ》という所では、時鳥がたくさん鳴き交《か》わしているのを、聞いた人がいますよ」ということだった。私の仮寓のある「月影の谷」からは、約三キロの距離である。

私は、思わず、次の歌を独《ひと》り言《ご》ちた。

（阿仏）忍《しの》び音《ね》は比企《ひき》（低（ひき））の谷《やつ》なる時鳥雲居《ほととぎすくもゐ》に高《たか》く何時《いつ》か名告《なの》らむ

（時鳥がたくさん鳴いていると言っても、場所が「比企《ひき》の谷《やつ》」であるからには、その鳴き声も「低《ひき》」くて、よほど注意して聞かなければ、忍《しの》び音《ね》は耳に入らないでしょう。鎌倉の時鳥よ、もっと空高く飛び上がって、月影の谷に住んでいる私にも聞こえるように、大きな声で鳴いて、今が夏だということを知らせてほしい。）

こんな歌を詠んでも、比企の谷の時鳥にわかってもらえるはずもなく、何の甲斐《かい》も無かった。為子殿が言われる通り、藤原実方中将の昔から、東国には時鳥はほとんど棲息していなかったのだろうか。

けれども、鳴かないのなら、徹底して鳴かないのであれば、私も我慢できる。たまに、「比企の谷で鳴いているのを聞いた人がいる」と聞くのが癪《しゃく》にさわるのだ。「時鳥は、聞く人に応じて、鳴いてあげたり、鳴き惜しみしたりしている。むろん、私は無視されるほうである」と思うと、心がいらいらとするし、残念至極である。

［評］ この部分は、「都との往復書簡集」ではないが、直前の為子との往復書簡からの連想で、ここに挿入されたのだろう。

『人分《ひとわ》きしけるよ』と、心尽《こころづ》くしに、恨《うら》めしけれ」の部分を、『人分《ひとわ》きしけるよ』と思ふも、なかなか、いと心尽《こころづ》くしに、恨《うら》めしけれ」と、長く叙述した写本もある。

ちなみに、この比企の谷にある新釈迦堂で、『万葉集』研究で名高い仙覚《せんがく》（一二〇三～?）が『万葉集』を書き写している。阿仏尼と同時代である。

33　為家の姉との往復書簡

又《また》、「くわこく」門院《もんゐん》の新中納言《しんちゆうなごん》の君《きみ》と聞《き》こゆるは、京極《きやうごく》の中納言定家《ちゆうなごんさだいへ》の御女《みむすめ》。深草《ふかくさ》の前《さき》の斎宮《さいぐう》と聞《き》こえしに、父《ちち》の中納言《ちゆうなごん》の参《まゐ》らせ置《お》き給《たま》へるままにて、年《とし》経《へ》給《たま》ひにける。此《こ》の女院《にようゐん》は、斎宮《さいぐう》の御子《みこ》にし奉《たてまつ》り給《たま》へりしかば、伝《つた》はりて、候《さぶら》ひ給《たま》ふなりけり。「憂《う》き《浮き》身焦《こ》がるる《漕がるる》藻刈舟《もかりぶね》」など詠《よ》み給《たま》へりし民部卿《みんぶきやう》の典侍《すけ》の姉《せうと》にぞ御座《おは》する。

（新中納言）「然《さ》る人《ひと》の子《こ》にて、奇《あや》しき歌詠《うたよ》みて、人《ひと》には聞《き》かれじ」と、強《あなが》ちに慎《つつ》み給《たま》ひしかど、遥《はる》かなる旅《たび》の空《そら》覚束無《おぼつかな》さに、哀《あは》れなる事《こと》どもを書《か》き続《つづ》けて、

（新中納言）如何許《いかばか》り子《こ》を思《おも》ふ鶴《つる》の飛《と》び別《わか》れ慣《な》らはぬ旅《たび》の空《そら》に鳴《な》く《泣く》らむ

と、文《ふみ》の言葉《ことば》に続《つづ》けて、歌《うた》の様《やう》にもあらず、書《か》き成《な》し給《たま》へるも、人《ひと》よりは等閑《なほざり》ならず覚《おぼ》ゆ。

御返《おんかへ》り事《ごと》は、

（阿仏）其故《それゆゑ》に飛《と》び別《わか》れても葦田鶴《あしたづ》の子《こ》を思《おも》ふ方《かた》《潟》は猶《なほ》ぞ悲《かな》しき

と聞《き》こゆ。

其《そ》の序《つい》でに、故入道大納言《こにふだうだいなごん》、草《くさ》の枕《まくら》にも立《た》ち添《そ》ひて、夢《ゆめ》に見《み》えさせ給《たま》ふ由《よし》など、（阿仏）「此《こ》の人許《ひとばか》りや、哀《あは》れとも思《おぼ》さむ」とて、書《か》き付《つ》けて奉《たてまつ》る。

（阿仏）都《みやこ》まで語《かた》るも遠《とほ》し思《おも》ひ寝《ね》に偲《しの》ぶ昔《むかし》の夢《ゆめ》の名残《なごり》を

（阿仏）儚《はかな》しや旅寝《たびね》の夢《ゆめ》に迷《まよ》ひ来《き》て覚《さ》むれば見《み》えぬ人《ひと》の面影《おもかげ》

など書《か》きて奉《たてまつ》りしを、又《また》、強《あなが》ちに、便《たよ》り尋《たづ》ねて、返《かへ》り事《ごと》し給《たま》へり。然《さ》しも忍《しの》び給《たま》へりしも、折《をり》からなりけり。

（新中納言）東路《あづまぢ》の草《くさ》の枕《まくら》は遠《とほ》けれど語《かた》れば近《ちか》き古《いにしへ》の夢《ゆめ》

（新中納言）何処《いづく》より旅寝《たびね》の床《ゆか》に通《かよ》ふらむ思《おも》ひ置《お》きつる露《つゆ》を尋《たづ》ねて

など宣《のたま》へり。

［訳］　これまで、この日記に名前を出すことはなかったけれども、亡き夫・為家殿と母親を同じくする姉君がいらっしゃる。彼女は、「かこく」門院《もんいん》、正しくは「和徳《かとく》」門院にお仕えする女房で、「新中納言《しんちゅうなごん》の君《きみ》」と申し上げるお方である。為家殿の姉君であるからには、「京極の中納言」こと藤原定家卿の娘御《むすめご》でいらっしゃる。

彼女は、最初、元《もと》の斎宮《さいぐう》で、退下《たいげ》してからは深草に隠棲された熙子《きし》内親王（ヒロコとも。後鳥羽院の皇女）にお仕えするようにと、父親の定家卿が取り計らわれたので、永く女房勤めをしてきた。熙子内親王は、仲恭《ちゅうきょう》天皇の皇女である義子《ぎし》内親王を引き取って、育てておられた。この義子内親王が、「和徳門院」である。そういう関係で、新中納言の君は、和徳門院にもお仕えして、現在に到っておられる。

定家卿の娘御と言えば、後堀河院にお仕えした「民部卿《みんぶきょう》の典侍《すけ》」と呼ばれる有名な歌人がいらっしゃる。亡《な》き為家殿が撰者を務めた『続後撰和歌集《しょくごせんわかしゅう》』にも、「濁《にご》り江《え》に憂《う》き《浮き》身焦《みこ》が《漕がるる》るる藻刈舟《もかりぶね》果《は》てては行《ゆ》き来《き》の影《かげ》だにも見《み》ず」という名歌が撰入されている。この民部卿の典侍の姉君に当たるのが、新中納言の君なのである。現在、とうに八十歳は越えておられる。

新中納言の君は、「自分は、歌聖と呼ばれる定家卿の娘である。だから、下手な和歌を人前で披露して、偉大なる父親の名前を辱《はずかし》めてはならない」というのが、彼女の信条になっていらっしゃる。そこで、極力、和歌を詠まないように努めておられるのだが、私が都を遠く離れて、鎌倉の空の下にいるのが、心配でたまらずに、しみじみとした文面の手紙を送ってこられた。

その手紙の中に、珍しくも、新中納言の君の和歌が記されていた。ただし、散文で書かれた用件の部分と、和歌の部分とが、どこで切れているのかわからないような改行と字配りで記されていた。これが和歌であることが、ちょっと見た目ではわからない工夫がされていて、さすがだと感じ入った。

(新中納言)如何許《いかばか》り子《こ》を思《おも》ふ鶴《つる》の飛《と》び別《わか》れ慣《な》らはぬ旅《たび》の空《そら》に鳴《な》く《泣く》らむ

(あなたは、我が子の未来を心配するあまりに、遠い鎌倉まで旅立たれました。可愛い子どもたちと離れて、別々に暮らしているので、どんなにか子どもたちを思って、夜《よ》ごと夜《よ》ごと、悲しい思いで泣いておられることでしょう。漢詩では、鶴の母親が、巣の中で子鶴を思って鳴く声が心に沁みる、と言われています。あなたは、まさに「夜《よる》の鶴《つる》」の思いをなさっているのですね。)

この歌の字配りも、私に対する思いやりも、ほかの人たちよりは格段に、慈愛にあふれているように感じられた。何よりも、親が子を思う「夜の鶴」の悲しみを、彼女が私の生き方の中に感じ取ってくれたことに感動し、心が一杯になった。

私も、歌を返した。

（阿仏）其故《それゆゑ》に飛《と》び別《わか》れても葦田鶴《あしたづ》の子《こ》を思《おも》ふ方《かた》《潟》は猶《なほ》ぞ悲《かな》しき

（我が子を思う「子ゆえの闇」によって、私は都を離れ、鎌倉までやってきましたが、葦《あし》田鶴《たず》のような私は、かつて子鶴と一緒に暮らしていた干潟《ひがた》――都――のことが悲しく偲ばれてなりません。私が子どもたちを恋い慕って鎌倉で泣いている声を、想像してみてください。）

この返歌を書いたついでに、「新中納言の君は、為家殿と母親を同じくする姉君であるから、この人ならば私の気持ちをわかってくださるだろう」と思って、亡き為家殿の霊が、鎌倉に滞在中の私に付き添ってくれていて、私が見る夢の中にもしばしば現れることを、手紙に書き綴った。その手紙に記した二首の和歌のうちの一首目。

（阿仏）都《みやこ》まで語《かた》るも遠《とほ》し思《おも》ひ寝《ね》に偲《しの》ぶ昔《むかし》の夢《ゆめ》の名残《なごり》を

（都のあなたまで書き送る手紙は、遠い距離を越えて行きます。私の夢の中に現れる亡《な》き為家殿は、もっと遠い冥界から、この世まで遠い遠い距離を越えて会いに来てくださるのです。私は夢から覚めるのが惜しく、いつまでも為家殿のお顔を見ていたくて、目が覚めてからも長いこと、為家殿がまだお元気だった頃と同じ姿で現れてくださった夢の名残に、むせんでおります。）

もう一首。

（阿仏）儚《はかな》しや旅寝《たびね》の夢《ゆめ》に迷《まよ》ひ来《き》て覚《さ》むれば見《み》えぬ人《ひと》の面影《おもかげ》

（何と、はかないことでしょう。亡き為家殿は、私や、子どもたちのことが心配で、旅先の鎌倉で私が見る夢の中にまで現れて、私の訴訟を励ましてくださいます。ということは、まだ成仏《じょうぶつ》しておられないのでしょうか。夢の中では、為家殿と語り合えて嬉しいのですが、目が覚めると、夢の中ではあれほどありありと見えていた為家殿のお姿が、掻き消えてしまうのが悲しくてなりません。）

こんな文面と歌を書いた手紙を、都の新中納言の君に送ったところ、彼女は、都から鎌倉に向かう人を、苦労して見付けてくださって、返信が届いた。前にも書いたけれども、新中納言の君は、「歌聖である父親の定家卿の名誉を守るために、自分では歌は詠まない」という強い方針を持っておられるのだが、それも時と場合による。彼女は、弟の為家殿を思う気持ちから、私の歌に返歌をしてくださった。

まず、私の「都《みやこ》まで語《かた》るも遠《とほ》し」への返歌。

（新中納言）東路《あづまぢ》の草《くさ》の枕《まくら》は遠《とほ》けれど語《かた》れば近《ちか》き古《いにしへ》の夢《ゆめ》

（あなたがいらっしゃる鎌倉と、私がいる都は、遠く距離を隔てています。けれども、このように和歌を通して語り合っていますと、あなたが今も私の目の前にいらっしゃるように感じられます。そして、空間的な隔たりだけでなく、時間の隔たりも消え失せてしまいます。今は亡き為家殿も、昔通りの姿で、今も私のすぐ近くにいるように感じられます。）

次に、私の「儚《はかな》しや旅寝《たびね》の夢《ゆめ》に迷《まよ》ひ来《き》て」に対する返歌。

（新中納言）何処《いづく》より旅寝《たびね》の床《ゆか》に通《かよ》ふらむ思《おも》ひ置《お》きつる露《つゆ》を尋《たづ》ねて

（亡き為家殿は、厳しい日光を受けるとたちまち消える「露」のようにか弱いあなたやお子様たちを守るために、冥界から鎌倉まで、夜ごと夜ごとあなたの夢を通路として、通ってきておられるのでしょう。けれども、私が心配なのは、為家殿の霊魂が、あなたやお子様たちの未来が不安なあまり、それが未練・執着となって、成仏できかねていらっしゃるのではないか、ということです。一日も早く、あなたが裁判で勝利なさって、為家殿が安心して成仏してくださることを祈っています。）

新中納言の君は、このように書いておられた。そのお手紙が、また私の涙の「露」の一因となるのだった。

［評］旅立ちに際して、阿仏尼は亡き夫・為家の「枕」について触れていた（II―5）。ここは、その場面と対応している。

生きている人間が見る夢の中に死者が現れるのは、成仏できていない証拠である。『源氏物語』では、桐壺院の霊がそうだったし、藤壺ですら夢枕に立っている。

為家の場合には、自分の死後に残された幼い為相と為守の行く末が心配で、その愛情が執着心・煩悩となって、成仏を妨げているのだろう。

阿仏にとって、為家の霊について語り合う相手としては、為家の姉である新中納言の君が最適だった。そこで、この往復書簡が書かれた。新中納言の君の名前は、「香」、あるいは「香子」という名前だったとされる。

この場面で、「夜の鶴」の故事が語られている。白楽天「五絃弾《ごげんだん》」という漢詩に、「夜《よる》の鶴《つる》、子《こ》を憶《おも》つて籠《こ》の中《うち》に鳴《な》く」とあることに起因する。

第一第二絃索索　秋風払松疎韻落

第一第二《だいいちだいに》の絃《げん》は索索《さくさく》たり　秋《あき》の風、松を払《はら》つて疎韻《そゐん》落《お》つ

第三第四絃冷冷　夜鶴憶子籠中鳴

第三第四《だいさんだいし》の絃《げん》は冷冷《れいれい》たり　夜《よる》の鶴《つる》、子《こ》を憶《おも》つて籠《こ》の中《うち》に鳴《な》く

「中《なか》の関白」藤原道隆《みちたか》の妻で、中宮定子《ていし》の母である高階貴子《たかしなのきし》は、歌人でもあり、漢詩文にも秀でていた。だが、夫の道隆が没した後は、「御堂《みどう》関白」藤原道長の天下となり、貴子の子どもである伊周《これちか》と隆家《たかいえ》は失脚して左遷された。我が子と離ればなれとなった悲しみを、貴子は「夜の鶴」に喩えて歌った。貴子は、高階家の出身なので「高内侍《こうないし》」と呼ばれ、『小倉百人一首』では「儀同三司《ぎどうさんし》の母《はは》」と呼ばれている。「儀同三司」は、伊周が帰京後に名のった職名である。

『詞花和歌集』に、その切々たる歌が載る。

帥前内大臣《そちのさきのうちのおとど》、明石《あかし》に侍《はべ》りける時、恋《こ》ひ悲《かな》しみて、病《やまひ》に成《な》りて詠《よ》める

高内侍

夜《よる》の鶴《つる》都《みやこ》の中《うち》に放《はな》たれて子《こ》を恋《こ》ひつつも鳴《な》き《泣き》明《あ》かすかな

『栄花物語』では、第三句が「籠《こ》められて」となっている。「子を思って鳴く鶴」は、「子を思って泣く親」そのものである。

為家にも、「夜の鶴」をテーマとした歌がある。

　子《こ》を思《おも》ひ道《みち》をも思《おも》ふ夜《よる》の鶴玉津島《つるたまつしま》まで声《こゑ》も聞《き》かなむ

　和歌《わか》の浦《うら》の蘆辺《あしべ》に残《のこ》る夜《よる》の鶴唯子《つるただこ》を思《おも》ふ音《ね》をのみぞ鳴《な》く（泣く）

為家は、阿仏との間に生まれた為相たちに、「歌の道」である御子左家の未来を託したのだった。その御子左家の礎を築いたのは、藤原俊成。

俊成が歌の道の後継者として期待していた定家が、若かりし頃、宮中で狼藉《ろうぜき》を働き、昇殿を停止された。この時、老いた父親の俊成は、後鳥羽天皇へお詫びの歌を詠み贈った。

　葦田鶴《あしたづ》の雲路迷《くもぢまよ》ひし年暮《としく》れて霞《かすみ》をさへや隔《へだ》て果《は》つべき

我が子を思う老父の「夜の鶴」そのものの真情に心打たれた後鳥羽天皇は、定家に対する勘気を解いたという。

さて、阿仏にも、『夜の鶴』という著作がある。我が子・為相に与えた歌論書である。ここにも、子を思う母の切ないまでの心が滲んでいる。俊成も、為家も、そして阿仏も、「子を思う心」は、「歌の道を思う心」なのだった。

そこで、次には、「夜の鶴」という言葉からの発展で、阿仏と我が子たちとの往復書簡が呼び込まれてくる。

なお、新中納言の君の最後の歌の中にある「旅寝《たびね》の床《ゆか》」の「ゆか」は、和歌ではあまり目にしない。「とこ」が自然である。『十六夜日記』にも「旅寝《たびね》の床《とこ》」とする写本もあり、さらには「旅寝《たびね》の夢《ゆめ》」とする写本もある。

34 息子・為相の五十首と、それへの批評

夏《なつ》の程《ほど》は、奇《あや》しきまで、音信《おとづれ》も絶《た》えて、覚束無《おぼつかな》さも一方《ひとかた》ならず。都《みやこ》の方《かた》は、志賀《しが》の浦《うら》、波立《なみだ》ち、山《やま》・三井寺《みゐでら》の騒《さわ》ぎなど聞《き》こゆるも、いと覚束無《おぼつかな》し。辛《から》うじて、八月二日《はづきふつか》ぞ、使《つか》ひ待《ま》ち得《え》て、日頃《ひごろ》より、置《お》きたりける人々《ひとびと》の文《ふみ》ども、取《と》り集《あつ》めて見《み》つる。

侍従《じじゆう》の宰相《さいしやう》の君《きみ》の許《もと》より、（為相）「五十首《ごじつしゆ》の歌《うた》を、詠《よ》みたりける」とて、清書《きよがき》もし敢《あ》へず下《くだ》されたる歌《うた》も、いとをかしく成《な》りにけり。五十首《ごじつしゆ》に十八首《じふはちしゆ》に、点《てん》合《あ》ひぬるも、奇《あや》しく、心《こころ》の闇《やみ》の僻目《ひがめ》こそ有《あ》るらめ。其《そ》の中《なか》に、

（為相）心《こころ》のみ隔《へだ》てずとても旅衣《たびごろも》山路《やまぢ》重《かさ》なる遠《をち》の白雲《しらくも》

と有《あ》る歌《うた》を見《み》るに、（阿仏）「旅《たび》の空《そら》を思《おも》ひ遣《おこ》せて、詠《よ》まれたるにこそは」と、心《こころ》を遣《や》りて哀《あは》れなれば、其《そ》の歌《うた》の傍《かたは》らに、文字《もじ》小《ちひ》さく、返《かへ》り事《ごと》をぞ書《か》き添《そ》へて、遣《や》る。

（阿仏）恋《こ》ひ偲《しの》ぶ心《こころ》や副《たぐ》ふ朝夕《あさゆふ》に行《ゆ》きては帰《かへ》る遠《をち》の白雲《しらくも》

又《また》、同《おな》じ旅《たび》の題《だい》にて、

（為相）仮初《かりそめ》の草《くさ》の枕《まくら》の夜《よ》な夜《よ》なを思《おも》ひ遣《や》るにも袖《そで》ぞ露《つゆ》けき

と有《あ》る所《ところ》にも、又《また》、返《かへ》り事《ごと》をぞ書《か》き添《そ》へたる。

（阿仏）秋深《あきふか》き草《くさ》の枕《まくら》に我《われ》ぞ泣《な》く《鳴く》振《ふ》り《振り》捨《す》てて来《こ》し鈴《鈴》虫《すずむし》の音《ね》を

又《また》、此《こ》の五十首《ごじつしゆ》の歌《うた》の中《なか》に、言葉《ことば》を書《か》き添《そ》ふ。大方《おほかた》、歌《うた》の様《さま》など、記《しる》し付《つ》けて、奥《おく》に、

昔《むかし》の人々《ひとびと》の歌《うた》、

（阿仏）此《これ》を見《み》ば如何《いか》許《ばか》りかと思《おも》ひつる人《ひと》に替《か》はりて音《ね》こそ泣《な》かるれ

と書《か》き付《つ》く。

［訳］　弘安三年（一二八〇）の夏は、こんなことがあるのだろうかと思われるくらいに、都と鎌倉の音信が不通となった。その状態が永く続いたので、私の心配は並大抵ではなかった。

私の心の中では、不安の波が次々に押し寄せていたが、噂によれば、都近くの志賀《しが》の浦《うら》（琵琶湖の西岸）でも、大波が立ち騒ぐように、比叡山延暦寺の僧兵が三井寺《みいでら》（園城寺《おんじょうじ》）に攻め入ったそうである。五月二十四日と六月二十四日に大きな乱闘があったという。都に残っている人たちは無事だろうかと、不安に駆られた。やっとのことで、仲秋の八月二日になって、待望の都からの手紙を持った人が現れた。この夏の日々の間中《あいだじゅう》、都の人々が私に宛《あ》てて書き綴った何通もの手紙は、ずっと、この文使いの人の手許《てもと》に預《あず》け置かれていたのだった。

私は早速、手紙の束を、まとめて読み始めた。我が子、為相《ためすけ》からの手紙には、「五十首の和歌を詠みましたので、母上のお目に入れます」と書いてあった。清書するのももどかしかったのか、それとも、久しぶりに鎌倉への使者が立つ直前に五十首が詠まれたので、推敲の時間がなく慌てていたのか、走り書きのように書き記されていた。

俊成卿、定家卿、為家殿と三代にわたって続いた御子左家の和歌の才能が、はたして為相にも伝わっているのか、最初は不安に駆られていたが、詠草《えいそう》を読み進めるうちに、私の心は安堵感で満たされた。

「良い」と思った歌には、長い点を打って印《しるし》とするのだが、五十首のうち、何と十八首に、私は合格点を付けていた。三分の一以上の歌が、優れていたのである。我ながら、不思議なことではあった。あるいは、「親の欲目」で、息子に対して甘くなっているのかも知れない。まさに、「親《おや》の思《おも》ふ心《こころ》は闇《やみ》にあらねども子《こ》を思《おも》ふ道《みち》に惑《まど》ひぬるかな」（藤原兼輔《かねすけ》）という歌に詠まれている「子ゆえの闇」である。

為相の五十首の中に、次の歌があり、思わず目が留《と》まった。旅の題で詠まれていた。

（為相）心《こころ》のみ隔《へだ》てずとても旅衣《たびごろも》山路《やまぢ》重《かさ》なる遠《をち》の白雲《しらくも》

（私の心は、東下りをしておられる母上に付き従って、共に旅をしているつもりでおりますが、私の身体は、心ならずも、旅姿の母上とは離れ離れになっています。二人の間を、いくつもの山が隔てています。あの遠い所に見える白雲の下を、今頃、母上は旅しておられるのでしょうか。）

「この歌は、旅をしている時の私を、都から思いやって詠まれたのだろう。子の為相が母である私を思うという状況を離れて、一般的な旅の歌として鑑賞しても、旅に出た人を思う、都人の心が理解できる。良い歌である」と思うと、為相の優しい心根《こころね》が胸に沁みた。
それで、この歌の横に、小さな文字で、私の返歌を書き添えて、送り返した。

(阿仏)恋《こ》ひ偲《しの》ぶ心《こころ》や副《たぐ》ふ朝夕《あさゆふ》に行《ゆ》きては帰《かへ》る遠《をち》の白雲《しらくも》

(旅をしている母親の立場から、返歌を詠みます。高い空を漂う雲には、私の心が乗り移っています。私の身体は東へと向かい、刻一刻と、あなたのいる都から遠のいてゆきます。けれども、私の心の乗った雲は、朝、東から西へ、つまり都の方へと向かい、夕方になると、都から東へと向かって戻って来て、再び私の身体に収まるのです。)

また、これも旅の題で詠まれている為相の歌が、心に残った。

(為相)仮初《かりそめ》の草《くさ》の枕《まくら》の夜《よ》な夜《よ》なを思《おも》ひ遣《や》るにも袖《そで》ぞ露《つゆ》けき

(夜露《よつゆ》を凌《しの》ぐだけの、いや、夜露をさえ凌げないような粗末な仮の小屋で、旅の途次の母上は横になっておられることでしょう。母上の旅衣は、夜露で濡れるだけでなく、都に残っている私たちを思う悲しみでも濡れそぼっていることでしょう。それを想像するだけでも、都の暖い部屋で寝ている私の袖までも、大量の涙で濡れてしまうのです。)

この歌の横にも、私の返歌を書き添えた。

(阿仏)秋深《あきふか》き草《くさ》の枕《まくら》に我《われ》ぞ泣《な》く《鳴く》振《ふ》り《振り》捨《す》てて来《こ》し鈴虫《すずむし》《鈴》の音《ね》を

（秋も深まる中、東下りの旅をしながら、仮の草枕を結んで、一夜を明かしています。周りの草原では、まるで鈴が打ち振られているかのように、鈴虫が盛大に鳴いています。私もまた、都に振り捨てて残して来た、可愛いあなたたちのことを思い、声の限りに泣いています。）

為相の歌は、心の籠もった良い歌ではあるけれども、いささか単純である。そこで、たとえば、「草」の縁語《えんご》で「鈴虫」を詠み加えたらどうかと、さりげなく助言したのである。為相は、才能のある子だから、私の教えを理解してくれるだろう。

さて、為相の五十首を読み終えた私は、最後の余白に、講評を書き記した。為相の歌の姿が、全体として優れていることを誉めると同時に、今後、気をつけるべき留意点も書き添えた。その最後には、為相の先祖たちが求めてきた「歌の道」を継承し、さらに発展させるように、という希望を書いた。先祖の俊成卿・定家卿・為家殿、中でも為相の父親である為家殿は、為相の歌人としての成長を、草葉の陰でどんなに喜んでおられることだろう。そういう気持ちを歌にして、為相への手紙を締めくくった。

（阿仏）此《これ》を見《み》ば如何許《いかばか》りかと思《おも》ひつる人《ひと》に替《か》はりて音《ね》こそ泣《な》かるれ

（為相よ、この五十首は素晴らしい出来映えでしたよ。私が都にいなくても、あなたは歌の道に精進しているようで、母も安心です。私は、思わず、嬉し泣きをしてしまいましたが、よく考えてみましたら、私に乗り移っている為家殿の魂が、私の身体を借りて嬉し泣きをしているのだ、と気づきました。）

［評］　我が子・為相との往復書簡である。

為相のことを「侍従《じじゆう》の宰相《さいしやう》の君《きみ》」と呼んでいるが、為相が「宰相」になったのは、これから三十年近くも後のことである。そこで、本文を「侍従為相の君」とする写本もある。

為相の歌を読んだ印象を、「いとをかしく成《な》りにけり」とする箇所は、「いと大人《おとな》しく成《な》りにけり」とする写本がある。大人びた和歌を詠めるようになった為相の成長が、母である阿仏には「をかしく」思われたのだろう。

また、母の目から見て合格点を付けた秀歌は、「五十首《ごじつしゆ》に、十八首《じふはちしゆ》」（五十首のうちの十八首）、すなわち、三十六パーセントだとするのが「扶桑拾葉集」の本文だが、「五十首《ごじつしゆ》に、二十八首《にじふはちしゆ》」（五十六パーセント）とする写本もある。全体の三分の一か、二分の一か、という違いである。

また、この場面の最後に、「昔《むかし》の人々《ひとびと》の歌《うた》」とある箇所は、本文の異同が激しい。「昔の人の歌」「昔の人の事を」「昔の人々の事に」「昔の人々の事を」「昔の人々の歌に」「昔の人々の歌」「昔の人々の事」などという具合である。「昔の人」だと為家一人を指すが、「昔の人々」だと俊成・定家・為家の三代を指すのだろう。

冷泉為相（一二六三～一三二八）は、母の阿仏が亡くなった後、鎌倉に何度も下り、細川の庄の所有権を勝ち取った。一三一三年のことだった。鎌倉では藤谷《ふじがやつ》に住んだ。よって、家集を『藤谷和歌集《とうこくわかしゅう》』と言う。その中から一首。

同《おな》じ国《くに》（注、遠江）の見附《みつけ》と言《い》ふ所《ところ》にて

我《われ》ぞ泣《な》く《鳴く》引佐細江《いなさほそえ》の友千鳥《ともちどり》跡踏《あとふ》《文（ふみ）》み付《つ》けし昔思《むかしおも》へば

『十六夜日記』の「Ⅲ―17　十月二十三日　引馬から見附まで」の［評］で述べたように、見附（見付）のあたりはかつては入江だった。それが、「引佐細江《いなさほそえ》」である。為相のこの歌は、第四句目の「跡踏《あとふ》み付《つ》けし」に、「見附《みつけ》」という地名を織り込んでいるのが、技巧的に優れている。同時に、東海道を下る旅の日録を文章に書き付けて、「紀行文を書く際の手本とせよ」と、息子の為相たちに贈った母の阿仏への思いが、籠められているのだろう。

また、『藤谷和歌集』には、紅葉《もみじ》を詠んだ歌がある。

如何《いか》にして此《こ》の一本《ひともと》に時雨《しぐ》れけむ山《やま》に先立《さきだ》つ庭《には》の紅葉葉《もみちば》

この歌を基にして作られたのが、謡曲『六浦《むつら》』である。為相が六浦の称名寺《しょうみょうじ》を訪れた時、山はまだ青葉なのに、一本だけ見事な紅葉があったので、この歌を詠んだ。紅葉の木は、自分にとっては最高の名誉だと感動し、以後は、紅葉することを止《や》めたという。私は、称名寺の金沢文庫を訪れた時に、この「青葉の楓《かえで》」を見た。

35 息子・為守の二十首と、それへの批評

侍従《じじゅう》の弟《おとうと》、為守《ためもり》の君《きみ》の許《もと》よりも、二十首《にじっしゅ》の歌《うた》を送《おく》りて、（為守）「此《これ》に、点《てん》合《あ》ひて、悪《わ》ろからむ事《こと》を、細《こま》かに記《しる》し賜《た》べ」と言《い》はれたり。今年《ことし》は、十六《じふろく》ぞかし。歌《うた》の、口慣《くちな》れは、優《やさ》

しく覚《おぼ》ゆるも、返《かへ》す返《がへ》す、（阿仏）「心《こころ》の闇《やみ》」と、傍《かたは》ら痛《いた》くなむ。此《これ》も、旅《たび》の歌《うた》には、（阿仏）「此方《こなた》を思《おも》ひて、詠《よ》みたりけり」と見《み》ゆ。下《くだ》りし程《ほど》の日記《にき》を、此《こ》の人々《ひとびと》の許《もと》へ遣《つか》はしたりしを、読《よ》まれたりけるなンめり。

（為守）立《た》ち別《わか》れ富士《ふじ》の煙《けぶり》を見《み》ても猶心細《なほこころぼそ》さの如何《いか》に添《そ》ひけむ

又《また》、此《これ》も、返《かへ》しを書《か》き付《つ》く、

（阿仏）仮初《かりそめ》に立《た》ち別《わか》れても子《こ》を思《おも》ふ思《おも》ひ《火》を富士《ふじ》の煙《けぶり》とぞ見《み》し

［訳］為相の弟の為守《ためもり》からも、和歌の詠草が送られてきた。こちらは、まだ修練が足りないので、五十首ではなく、二十首（あるいは三十首）だった。為守は、「この歌の中に良い歌がありましたら、合点《がてん》を付けて下さい。また、私の歌の良くない点を、具体的に指摘していただけましたら、ありがたく存じます」と書いていた。彼は今、何歳《いくつ》だっただろうか。計算してみたら、為守は今年、母親のいない正月を都で迎え、数えの十六歳になっていた。これからの数年が、和歌の才能が飛躍的に伸びるか、伸びないかの境目である。その為守の歌いぶりは、いかにも和歌的なリズムを先天的に備えていて、天稟《てんぴん》を感じさせる。

二十首を何度も読みなおしたが、彼の優美な和歌に対する感動は高まるばかりだった。これもまた、子どもを愛するあまりの愚かな母親の「欲目」であり「僻目《ひがめ》」なのだろうか。そう思うと、何とも恥じ入るばかりである。

為守の旅の歌も、「私の東下りの旅を心に思い浮かべながら、詠んだのだろう」と思われた。私が東海道を下った時の旅の記録は、一日ごとの行程として、為守たちにも書き送って読ませたので、おそらくそれを熟読して、旅とは何か、旅の心をどう歌に詠めばよいのかを学んだのではなかろうか。私の関東下向は、早くもその効果を発揮し始めている。

その為守の歌。

(為守)立《た》ち別《わか》れ富士《ふじ》の煙《けぶり》を見《み》ても猶心細《なほこころぼそ》さの如何《いか》に添《そ》ひけむ

(母上は、都を後《あと》にして旅立たれ、今は駿河の国を旅しておられるとか。富士の山からは、細い煙が棚引いて、旅する母上の心をいっそう心細くさせていることでしょう。お気を強く持って、旅をお続け下さい。なお、母上が送ってくださった「東海道の旅の日録」では、富士の山の煙は現在は見られないということでしたが、和歌では富士の煙を詠むのが約束事ですので、あえてそのように詠みました。)

この歌にも、深く感じるものがあった。「立ち別れ」の「立ち」と、「心細さ」の「細さ」

は、「煙」の縁語である。なかなか手慣れた詠みぶりではある。ただし、富士の山には「煙」だけでなく「火」があるのだから、「火」の掛詞を用いて詠んでほしかった。それで、自分の歌には掛詞を入れて、為守の歌の横の余白に書き付けて、送り返した。

（阿仏）仮初《かりそめ》に立《た》ち別《わか》れても子《こ》を思《おも》ふ思《おも》ひ《火》を富士《ふじ》の煙《けぶり》とぞ見《み》し

（ほんの短期間で、また都に戻るつもりで、私は鎌倉に旅立ちました。思ったよりも永い時間がかかりそうですが、旅の途中で見た富士の山の煙が忘れられません。あなたが言うように、現実には、富士の煙は立っていませんでした。けれども、心の目では、富士の煙がはっきり見えましたよ。為相やそなたを守るために、何でもするのだという強い決意で下向する私の目には、富士の山の噴煙がありありと力強く見えました。私の心の中では、そなたたち子どもを思う熱い気持ちが、「火」のように燃え上がっているのですから。心の目に見える富士の山の煙は、私のそなたたちへの熱い愛情そのものなのです。）

［評］　阿仏と息子の往復書簡、その二である。

「扶桑拾葉集」では、「二十首」の右に「三十首」という傍記がある。現に、「三十首」とする写本もある。実際に、『新編国歌大観』で検索すると、「二十首」の連作と「三十首」の連作は、ほぼ同数である。ただし、「兄が五十首ならば、弟は三十首かな」というのが、常識的な感覚ではないだろうか。でも、数えの十六歳ならば、「二十首」の可能性もある。

為守（一二六五～一三二八）は、為家が六十八歳の時に生まれた子である。彼も、鎌倉に住んだとされる。江戸時代に隆盛を見た「狂歌」の祖とする伝承がある。

鎌倉幕府第九代執権の北条貞時とも、交流があった。『玉葉和歌集』には、貞時との贈答歌が載っている。

新後撰集《しんごせんしふ》に漏《も》れて侍《はべ》りける時《とき》、貞時朝臣《さだときあそん》、訪《とぶら》ひて侍《はべ》りければ

藤原為守

和歌《わか》の浦《うら》の友《とも》を離《はな》れて小夜千鳥《さよちどり》其《そ》の数《かず》ならぬ音《ね》こそ泣《な》かるれ

返《かへ》し　平貞時朝臣

泣《な》く音《ね》をも他所《よそ》にやは聞《き》く友千鳥《ともちどり》棲《す》む浦故《うらゆゑ》ぞ遠離《とほざか》るらむ

十三番目の勅撰和歌集である『新後撰和歌集』は、一三〇三年に後宇多院《ごうだいん》に

奏覧《そうらん》された。これは、冷泉家と対立した二条家の二条為世が中心となって編纂された勅撰和歌集である。為相が除外されたのは、ある意味で当然だった。冷泉家に細川の庄の所有権が認定されたのは、この十年後である。

北条貞時の次の執権は高時。すなわち、鎌倉幕府の滅亡は目前に迫っていた。阿仏尼の子どもたちは、鎌倉幕府滅亡の直前、南北朝の激動の直前まで生きていた。

『風雅和歌集』に、為守の辞世の歌が載る。

病《やまひ》、限《かぎ》りに侍《はべ》りける時《とき》、書《か》き置《お》きける

六十余《むそぢあま》り四年《よとせ》の冬《ふゆ》の長《なが》き夜《よ》に憂《う》き世《よ》《浮世》の夢《ゆめ》を見果《みは》てつるかな

為守が没したのは、兄の為相と同じ嘉暦《かりやく》三年（一三二八）だった。

36 最後は、五度《いったび》、藤原為子との往復書簡で

又《また》、権中納言《ごんちゅうなごん》の君《きみ》、細《こま》やかに文《ふみ》書《か》きて、（藤原為子）「下《くだ》り給《たま》ひし後《のち》は、歌詠《うたよ》む友《とも》も無《な》くて、

秋《あき》に成《な》りては、いとど思《おも》ひ出《い》で聞《き》こゆるままに、独《ひと》り、月《つき》をのみ眺《なが》め明《あ》かして」など、書《か》きて、

（藤原為子）東路《あづまぢ》の空懐《そらなつ》かしき形見《かたみ》だに偲《しの》ぶ涙《なみだ》に曇《くも》る月影《つきかげ》

此《こ》の御返《おんかへ》り事《ごと》、此《これ》も、故郷《ふるさと》の恋《こひ》しさなど書《か》きて、

（阿仏）通《かよ》ふらし都《みやこ》の外《ほか》の月見《つきみ》ても空懐《そらなつ》かしき同《おな》じ眺《なが》めは

［訳］　さて、鎌倉と都との往復書簡集も、終わりに近づいた。私の鎌倉での滞在は、いったい何年かかるかは、正直に言えば、予想もできない。光る君が須磨と明石に滞在されたのは、足かけ三年だった。私の旅は、その何倍もの歳月を要するだろう。そのうちの「最初の一年」の往復書簡集を、ここに並べてみたわけである。

その最後には、年齢を超越した「歌の友」である、藤原為子殿との交流を書き記しておこう。

私が都を発《た》ったのが、十六夜《いざよい》の日だった。鎌倉での仮寓も、「月影《つきかげ》の谷《やつ》」にある。為子殿は、月をモチーフとする秀歌を、鎌倉まで送ってきてくれた。

彼女は、「あなたが鎌倉に下られてからは、私には『歌の友』がいない寂しい状態が続いています。今の季節は、秋。いよいよ人恋しさが募ります。こういう時に、歌をやりとりする好敵手であり、私が密かに先達《せんだつ》として仰いでいるあなたのことが、ほかの季節よりもいっそう強く、思い出されてなりません。今も、一人で、月ばかりをぼんやり眺めながら時を過ごしています」など書いて、その後で歌が記されていた。

（藤原為子）東路《あづまぢ》の空懐《そらなつ》かしき形見《かたみ》だに偲《しの》ぶ涙《なみだ》に曇《くも》る月影《つきかげ》

（都の空には、澄み切った秋の夜空に、綺麗なお月様が輝いています。月を見ていると、はるか東国の空の下で暮らしているあなたのことが偲ばれてなりません。月は、あなたを偲ぶよすがが、つまり形見なのです。その大切なあなたの形見であるお月様が、あなたを懐かしく思う私の涙で曇ってしまい、ややもすれば見えなくなってしまうのが残念なことです。）

この歌の「空懐《そらなつ》かしき」という言葉は、何とも新鮮である。『後拾遺和歌集』に、相模《さがみ》が詠んだ、「五月雨《さみだれ》の空懐《そらなつ》かしく匂《にほ》ふかな花橘《はなたちばな》に風《かぜ》や吹《ふ》くらむ」という名歌がある。初句を「五月闇《さつきやみ》」とするものもある。『古今和歌集』の「五月待《さつきま》つ花橘《はなたちばな》の香《か》を嗅《か》げば昔《むかし》の人《ひと》の袖《そで》の香《か》ぞする」以来、昔を思い出させるとされる橘の花の香りを詠んだものである。その香りが空を漂っている。

為子殿は、初夏の花橘ではなく、秋の月を見て、懐かしい人を思い出した、と歌われた。「空懐かしき」の「空」が、「月」と見事に照応している。そこが、為子殿の歌の創意工夫であろう。

だから、私も、為子殿へのお返事には、「空懐《そらなつ》かしき」と「月」を、そのまま用いることにした。「私も都の人々が恋しく偲ばれます」などと書いて、その後に歌を記した。

（阿仏）通《かよ》ふらし都《みやこ》の外《ほか》の月見《つきみ》ても空懐《そらなつ》かしき同《おな》じ眺《なが》めは

（あなたと私は「歌の友」ですから、年齢は隔たっていても、二人の心はおのずと通い合い、二人は同じような物の見方や感じ方をするようになっているようですね。私も、都を遠く離れた東国で月を見ながら、あなたに早く逢いたいとばかり思い続けています。都と鎌倉で、同じ月を見上げながら、あなたと私はまったく同じことを考えているのですね。）

【評】 往復書簡集の見本の最後は、次世代の代表歌人として期待している藤原（京極）為子との贈答だった。『十六夜日記』には、さまざまなテーマがあるが、その根幹を形成しているのは、「和歌の道」だったのである。

相模の「五月雨《さみだれ》の空懐《そらなつ》かしく匂《にほ》ふかな花橘《はなたちばな》に風《かぜ》や吹《ふ》くらむ」という歌を本歌取りした歌を、何首か挙げておこう。

風薫《かぜかを》る花《はな》の雫《しづく》に袖《そで》濡《ぬ》れて空懐《そらなつ》かしき春雨《はるさめ》の雲《くも》　藤原隆信

五月雨《さみだれ》の空懐《そらなつ》かしき袂《たもと》かな軒《のき》の菖蒲《あやめ》の薫《かを》る雫《しづく》に　慈円

五月雨《さみだれ》の空懐《そらなつ》かしく橘《たちばな》の匂《にほ》ひを誘《さそ》ふ軒《のき》の夕風《ゆふかぜ》　田安宗武《たやすむねたけ》

37　往復書簡集を閉じるに当たって

都《みやこ》の歌《うた》ども、此《こ》の後《のち》、多《おほ》く積《つ》もりたり。又《また》、書《か》き付《つ》くべし。

［訳］　こんなふうにして、私の鎌倉での最初の一年が過ぎていった。その後も、永い、いや永すぎる滞在中に、都と鎌倉の往復書簡集は、さらに多くが積み重なったのだが、そ

れらはいつか、別の機会に紹介することにしよう。

［評］『源氏物語』などで用いられた「省略の草子地《そうしじ》」である。叙述を切り上げる役割を果たす。この後も、阿仏尼は永く鎌倉に在住した。だから、鎌倉と都との往復書簡集は、膨大に蓄積されたことだろう。

「最初の一年」の大切さは、『源氏物語』が六条院に訪れた最初の春夏秋冬を「玉鬘十帖《たまかずらじゅうじょう》」で描き上げたことと照応している。阿仏尼は、『源氏物語』に倣って、鎌倉での最初の一年を、この見事な往復書簡集で描ききったのである。

この本文の後に、「安嘉門院四条（法名阿仏）作　東日記」と明記する写本がある。鎌倉での滞在日記、という意味である。ここで、『十六夜日記』は、再び、「中仕切り《なかじき》」される。それを証明するかのように、ここで終わってしまい、次の長歌を載せない写本も存在する。

V　勝訴を神に祈る長歌と反歌

38　鶴岡八幡宮に勝訴を願って奉納した長歌

38―0　長歌の前に

『十六夜日記』の本文には書かないけれども、これから記す長歌と反歌を詠んだ真意を、ここで明らかにしておきたい。

私（阿仏尼）が鎌倉に到着してから、早くも足かけ四年目となった。今年は、弘安《こうあん》五年（一二八二）である。昨年には、二度目の元寇があった。「細川の庄」をめぐる裁判は、一向に捗《はかど》らない。私は、私の思いの丈《たけ》のすべてを「長歌《ちょうか》」に詠んで、鎌倉幕府に尊崇されている鶴岡八幡宮《つるがおかはちまんぐう》に奉納することとした。

「長歌」とは、五七を何回も繰り返し、最後を「七七」で結ぶ形式である。長歌の後には、「五七五七七」という短歌形式の「反歌」が置かれる。

『万葉集』の以後は、あまり詠まれなくなった長歌は、平安時代からは特別の思い入れで詠まれる形式になった。この『十六夜日記』では、私の衷心からの祈りを、神に強く訴える、祈りの手段として採用した。

この長歌と反歌は、鶴岡八幡宮の神様だけでなく、私の裁判を後押ししてくれている幕府の有力者にもお示ししたい。この裁判が私利私欲からではなくて、「歌の道」と「この国の姿」を憂えるからなのだ、という素志を明らかにしたい、と願ってのことである。

38—1　和歌の歴史は、我が国の歴史である

敷島《しきしま》や　大和《やまと》の国《くに》は　天地《あめつち》の　開《ひら》け始《はじ》めし　昔《むかし》より　岩戸《いはと》を開《あ》けて　面白《おもしろ》き　神楽《かぐら》の言《こと》
葉《ば》　歌《うた》と聞《き》く

［訳］ 敷島《しきしま》の大和《やまと》の国の悠久の歴史は、「大和歌《やまとうた》＝和歌」の永い歴史そのものです。天地開闢《てんちかいびゃく》からまもない、はるかな昔、神代《かみよ》の時代には、太陽の女神である天照大神《あまてらすおおみかみ》が天《あま》の岩戸《いわと》にお隠れになり、世界が闇に包まれたことがありました。その時、岩戸の前で神々は神楽《かぐら》を奏し、神楽歌《かぐらうた》を歌いました。その歌をお聞きになった天照大神が心を動かし、岩戸からお出ましになったので、世界には再び光が満ちあふれ、神々の顔（面《おも》）は白く照らされました。そして、「あな、面白《おもしろ》」（何と面白いことだ）と、神々は興じ合ったのでした。これが、和歌の起源であり、神楽の言葉が和歌となったのだと、私は聞いております。

［評］ この長歌は、和歌の起源から歌い始められる。神の世界で、神々が歌い興じる言葉こそが、和歌の言葉である。中でも、「和歌の中の和歌」である長歌は、人間と神々を繋ぐ通路なのである。人間の心からの願いは、和歌の言葉に乗って長歌となり、神の心に届けられる。

38―2　神々の歌から、人間の歌へ

然《さ》れば畏《かしこ》き　例《ためし》とて　聖《ひじり》の御代《みよ》の　捨《す》てられず　人《ひと》の心《こころ》を　種《たね》として　万《よろづ》の業《わざ》を　言《こと》の葉《は》に

［訳］　このように、神代の昔から和歌の力は絶大であった前例があったのですから、神々の時代から人間の時代になっても、和歌はないがしろにされることはなく、大切にされてきました。「延喜《えんぎ》・天暦《てんりゃく》の治《ち》」と称えられる善政を、帝たちが行われた聖代《せいだい》も、そうでした。延喜の御代《みよ》には、醍醐《だいご》天皇が『古今和歌集』の撰進《せんしん》を命じられ、天暦の御代には、村上天皇が『後撰《ごせん》和歌集』の撰進を下命されました。

最初の勅撰和歌集である『古今和歌集』の仮名序《かなじょ》は、歌聖である紀貫之《きのつらゆき》が書きました。そこには、「大和歌《やまとうた》は、人《ひと》の心《こころ》を種《たね》として、万《よろづ》の言《こと》の葉《は》とぞ成《な》れりける。世《よ》の中《なか》に有《あ》る人《ひと》、言業《ことわざ》繁《しげ》き物《もの》なれば、心《こころ》に思《おも》ふ事《こと》を、見《み》る物《もの》・聞《き》く物《もの》に付《つ》けて、言《い》ひ出《い》だせるなり」と、高らかに宣言されています。和歌の本質を見事に表現した至言と申せましょう。和歌は、人

間にとって最も大切な心の中から生まれ、さまざまな機会に、さまざまな言葉となって溢《あふ》れ出し、喜怒哀楽を精妙に表現してきたのです。

［評］この部分は『古今和歌集』の仮名序で説かれる和歌の神秘的な力、すなわち「歌徳《かとく》」と深く関係している。

ちなみに、『古今和歌集』の撰進を命じた醍醐天皇を准拠《じゅんきょ》とするのが、『源氏物語』の桐壺帝である。『源氏物語』もまた、和歌を多く含んでいる。物語文学もまた、人間の祈りと願いを、神に訴える強力な手段だったのである。

38―3 和歌の絶大な力

鬼神《おにがみ》までも　靡《なび》くめり　八洲《やしま》の外《ほか》の　四《よつ》の海《うみ》　波《なみ》も静《しづ》かに　収《をさ》まりて　空吹《そらふ》く風《かぜ》も　和《やは》らかに　枝《えだ》も鳴《な》らさず　降《ふ》る雨《あめ》も　時《とき》定《さだ》まれば

［訳］　また、『古今和歌集』の仮名序では、和歌の力を、「力《ちから》をも入《い》れずして、天神地祇《あめつち》を動《うご》かし、目《め》に見《み》えぬ鬼神《おにがみ》をも哀《あは》れと思《おも》はせ、男《をとこ》・女《をんな》の仲《なか》をも和《やは》らげ、猛《たけ》き武士《もののふ》の心《こころ》をも慰《なぐさ》むるは歌《うた》なり」と説明されています。優れた和歌には、天の神様（天神）や地の神様（地祇《ち》）が感動して、歌を詠んだ人の願いを叶えてくださるのです。恐ろしい鬼神ですら、和歌を聞くと感動し、悪事をしなくなります。男と女の人間関係を取り持ち、結び合わせます。「もののあはれ」を知らないように見える勇猛な武士たちですら、心を開きます。これが、和歌の力です。

ですから、「大八洲《おおやしま》＝大和の国」の外の国々までも、我が国の威光に靡き、外敵の来襲もなくなるので、東西南北の四つの海の波も穏やかです。空から吹き下《お》ろす風も優しく、そっと吹くので、木々の枝も暴風で撓《しな》うこともありません。雨も、降るべき時には降り、降ってほしくない時には降らないという、平和で五穀豊穣の日々がこの国には続いています。

［評］　この長歌を鎌倉幕府の有力者に示すのは、まことに効果的である。二

回あった元寇のうち、最初の「文永の役《えき》」は一二七四年。その翌年である一二七五年に、為家が没した。そこから、細川の庄を巡る所有権が紛糾し、阿仏が鎌倉に下ったのが、弘安二年(一二七九)だった。その後、裁判は長期化したが、弘安四年(一二八一)、二度目の元寇である「弘安の役」が起きた。阿仏が、鶴岡八幡宮にこの長歌と反歌を奉納したのが、その翌年の一二八二年である。

長歌の表現とは裏腹に、国内は大混乱に陥っていた。四海、波静かならず。強き風、枝を鳴らす。雨、時定まらず。内外共に多難な国難の時代にあって、細川の庄の所有権を巡る裁判が遅延したのは、当然のことだと思われる。だが、阿仏に言わせれば、和歌が国の基本なのだから、「和歌の家」である御子左家、その正統である冷泉家を護ることが、国家全体の政治と軍事の安定に繋がるのだ。「和歌の家」は、為家の長男である二条家の為氏ではなく、為家の最晩年の遺志を継承する冷泉家の為相の側にある。これが、阿仏の主張である。

38—4　勅撰和歌集の編纂事業

君々《きみぎみ》の　詔《みこと》のままに　従《したが》ひて　和歌《わか》の浦路《うらぢ》の　藻塩草《もしほぐさ》　掻《か》き《書き》集《あつ》めたる　跡多《あとおほ》し

［訳］『古今和歌集』と『後撰和歌集』以来、歴代の聖帝や賢帝の仰《おお》せに従って、たくさんの勅撰和歌集が編纂されてきました。紀州には、その名も「和歌の浦」という風光明媚《ふうこうめいび》な場所があり、そこには「和歌三神」の一人である玉津島《たまつしま》明神（衣通姫《そとおりひめ》）を祀《まつ》る玉津島神社があります。和歌の浦では、海人《あま》たちが海藻を掻《か》き集めていますが、勅撰和歌集の編纂を命じられた撰者たちは、たくさんの名歌を書き集めて、歴代の帝に奏上してきたのです。そのことで、我が国の平和が守られてきました。

［評］　この長歌が詠まれた一二八二年までに、十二番目の『続拾遺《しょくしゅうい》和歌集』（一二七八年）までが奏覧《そうらん》されている。ただし、この『続拾遺和歌集』は、阿仏の宿敵である為氏が撰者を務めていた。皮肉なことに、我が国の中世において、

「和歌の正統」と「文化の本流」を担ったのは、為氏の子孫と弟子たちが、「古《こ》今伝授《きんでんじゅ》」によって継承した二条家の教えだった。

冷泉家が勅撰和歌集の撰者となったことは、その後もなかった。

38―5 和歌の道の名門である御子左家《みこひだりけ》

其《そ》れが中《なか》にも　名《な》を留《と》めて　三代《みよ》まで継《つ》ぎし　人《ひと》の子《こ》の　親《おや》の取《と》り分《わ》き　譲《ゆづ》りてし　其《そ》の真《まこと》さへ　有《あ》りながら

［訳］　数ある勅撰和歌集ではありますが、祖父・父親・本人と、三代にわたって撰者を務める名誉は、めったにあるものではありません。我が亡《な》き夫である藤原為家《ためいえ》殿は、祖父の俊成《しゅんぜい》卿の『千載《せんざい》和歌集』、父親の定家《ていか》卿の『新古今和歌集』『新勅撰和歌集』の跡《あと》を継ぎ、『続後撰《しょくごせん》和歌集』『続古今《しょくここん》和歌集』の撰者を務めるという栄誉に浴しました。これほどの

「和歌の家」は、永い和歌の歴史の中でも稀有《けう》のことであります。この「歌の道」の名門を、「御子左家《みこひだりけ》」と申します。

その為家殿が、自分の子である為相《ためすけ》――すなわち、私の生んだ息子でもあります――に、特別の愛情を注ぎ、先祖代々の御子左家が収集してきた貴重な歌書の類と、細川の庄を、遺産として譲るという、これ以上はない明瞭な文面の譲り状の実物を残されました。これが、真実の証拠なのです。それなのに、です。

［評］　冷泉家こそが、為家の正統な後継者であり、和歌の名門「御子左家」の継承者であることを、神に訴えている。言葉の力で、神々を納得させられるかどうか、そこに裁判の行方が懸かっている。

ただし、人間が神々に直訴する際には、一方的な主張だけではなく、「泣き落とし」で、神々の同情を買う必要もある。それが、次の一節である。

38—6 軽視される阿仏尼

思《おも》へば賤《いや》し　信濃《しなの》なる　其《そ》の帚木《ははきぎ》《母》の　園原《そのはら》《其(そ)の腹》に　種《たね》を播《ま》きたる　科《とが》とてや

［訳］ 為家殿には、私と結ばれる以前に、前の妻（正室）との間に生まれた子どもがおり——為氏《ためうじ》殿たちです——、為相が歌書類や細川の庄を相続することに猛反対して、それを押領しようとしました。

これは、一つには、為氏殿の母親が、鎌倉武士の名門である宇都宮《うつのみや》氏の出身であるのに対して、私のような、取るに足らない出自の母親——後妻（側室）——を持ってしまったのが、為相の不幸の原因なのかもしれません。悪いのは、生まれの賤《いや》しい母親である私であって、私の腹から生まれた息子の為相ではありません。為相は、俊成卿・定家卿に繋がる和歌の名門・為家殿の血を受け継いでいます。

信濃《しなの》の国の「園原《そのはら》」には「帚木《ははきぎ》」という不思議な木が生《は》えています。遠くからは見えるけれども、近づいたら、どこにあるのか見えなくなってしまうそうです。私などは、為家殿の妻だと自分では思っていても、世間や、立派な母親を持った為氏殿たちの目から見れば、正式の妻ではない、まるで帚木のような側室なのです。あるいは侍女だと思われているかもしれません。

［評］「帚木《ははきぎ》」の生《は》えている信濃の国の「園原《そのはら》」という地名には、「其《そ》の腹《はら》」が掛詞になっている。冷泉為相と為守が、為家という和歌の名門を父親に持ちながら、母親が卑しかったことを、阿仏自らが神に対して謙遜している。

帚木は、『源氏物語』帚木の巻で、重要な役割を果たしている。この巻では、空蟬《うつせみ》が人の世の生きがたさに直面して、苦悩している。その苦悩を、阿仏もまた抱えているのだ。

『後拾遺和歌集』に、次のような歌がある。

　父《ちち》の、信濃《しなの》なる女《をんな》を住《す》み侍《はべ》りける許《もと》に、遣《つか》はしける　平正家

　信濃《しなの》なる園原《そのはら》《其の腹》にこそあらねども我《わ》が帚木《ははきぎ》《母》と今《いま》は頼《たの》まむ

「園原」という地名に「其の腹」、「帚木」に「母」を掛けているのが、阿仏の長歌と同じ技法である。

38—7　押領された細川の庄

世《よ》にも仕《つか》へよ　生《い》ける世《よ》の　身《み》を扶《たす》けよと　契《ちぎ》り置《お》く　須磨《すま》と明石《あかし》の　続《つづ》きなる　細川《ほそかは》
山《やま》の　谷川《たにがは》に　纔《わづ》かに命《いのち》　懸樋《かけひ》《掛け》とて　伝《つた》ひし水《みづ》の　水上《みなかみ》も　堰《せ》き止《と》められて

［訳］亡き夫の為家殿は、私が生んだ為相や為守の未来を心配し、「自分の没後は、最小限の遺産を残すから、それを手がかりにして生計を立てなさい。そして、社会活動もして、立身するがよい」と固く遺言して、細川の庄を譲るという文書を残されました。この細川の庄は、播磨《はりま》の国の明石《あかし》の、すぐ北にある荘園です。『源氏物語』や『平家物語』でも、須磨や明石は重要な舞台となっています。

細川の庄は、私たち親子の命の源ですから、心の拠《よ》り所《どころ》であり、故郷《ふるさと》のような場所です。故郷の山から清冽《せいれつ》な水が流れ出し、谷川の流れとなるように、私たち親子は細川の庄から得られる収入を、命をつなぐ糧《かて》としてきました。細川山の谷水を、懸樋《かけひ》で家の敷地にまで引き込むように、細川の庄の収入には、私たち親子の命が掛かっているのです。

その命の水が、為氏殿たちの陰謀によって堰《せ》き止められ、私たちの手許《てもと》に入ってこなくなりました。細川の庄の所有権は自分たちにあると、為氏殿は根拠もなく不当に主張して、押領したのです。

［評］「須磨」と「明石」は、『源氏物語』の巻名でもある。その近くにある細川の庄は、和歌の家である御子左家にとっては、経済的にも文化的にも重要な庄園（荘園）だった。

細川の庄を、「細川山」と詠んだのは、「谷川」という言葉に繋げるためだろう。ただし、『万葉集』に「南淵《みなぶち》の細川山《ほそかはやま》に立《た》つ檀弓束巻《まゆみゆづかま》くまで人《ひと》に知《し》らえじ」という歌があり、平安時代の歌学書にもたびたび引用されている。この「細川山」は、奈良県明日香村の山であるから、播磨の国の細川の庄とは地理的にかなり離れている。阿仏は、『万葉集』から「細川山」という言葉だけを借りたのだろう。

「纔《わづ》かに命《いのち》　懸樋《かけひ》とて」の「懸樋《かけひ》」には、命を「掛《か》ける」が掛詞になっている。「命を掛ける」という言葉の続き方は、阿仏よりも後の時代の室町時代の用例

ではあるが、心敬《しんけい》に、

山家水《さんかのみづ》

柴《しば》の戸《と》に古《ふる》き懸樋《かけひ》の音聞《おとき》くも命《いのち》の水《みづ》の末《すゑ》ぞ悲《かな》しき

という歌がある。「懸樋」と「掛ける」の掛詞ではないが、懸樋の水を細りゆく命の比喩としている点が、阿仏の長歌と共通している。

38―8 追い詰められた阿仏尼

今《いま》は唯《ただ》　陸《くが》に揚《あ》がれる　魚《いを》の如《ごと》　楫緒絶《かちをた》えたる　舟《ふね》に似《に》て　寄《よ》る方《かた》も無《な》く　侘《わ》び果《は》つる

［訳］　こうなっては、水の中で生きるしかない魚が、突然陸の上に上がって、呼吸できなくなるようなものです。あるいは、舟人が、自分の乗った舟を操るのに不可欠な梶《かじ》（楫《かじ》）の緒《お》（縄）が切れて、舟をまったく操縦できなくなったような状態にも喩《たと》えられるでしょ

う。梶緒を失った舟が、どの湊《みなと》にも立ち寄ることができないように、私たち親子は、生活の基盤、すなわち生きる「寄《よ》る辺《べ》」を失ったのです。まさに、進退窮《きわ》まってしまいました。

［評］『荘子』に、「轍鮒《てっぷ》の急《きゅう》」という故事がある。車の通った跡にできる轍《わだち》のわずかな水の中に取り残された鮒《ふな》が、生命の危機に陥っている、その救済は緊急を要する、という意味である。阿仏の訴訟も、緊急を要しているのである。「楫緒絶《かちをた》えたる舟」の部分は、『小倉百人一首』で有名な「由良《ゆら》の戸《と》を渡《わた》る舟《ふな》人梶緒絶《びとかちをた》え行方《ゆくへ》も知《し》らぬ恋《こひ》の道《みち》かな」（「梶《かぢ》を絶《た》え」とも。曾禰好忠《そねのよしただ》）を踏まえているのだろう。

また、為家が撰者の一人を務めた『続古今和歌集』に、「小野小町」の歌として、「須磨《すま》の海人《あま》の浦漕《うらこ》ぐ舟《ふね》の梶緒絶《かちをた》え寄《よ》る辺《べ》無《な》き身《み》ぞ悲《かな》しかりける」とある。ただし、『小町集』では、第三句が「梶よりも」とある。

38―9　鎌倉幕府を信じての東下り

子《こ》を思《おも》ふとて　夜《よる》の鶴《つる》　泣《な》く泣《な》く都《みやこ》　出《い》でしかど
鳴く鳴く

【訳】この窮状を打開したいと、我が子為相と為守の未来を思う一心で、私は住み慣れた都を後《あと》にして鎌倉に向かい、正しい裁判をしていただこうと決心しました。夜《よる》の鶴《つる》が、我が子を思って悲しい鳴き声を上げるように、私は子どもたちのことを思って泣きながら、東下りをして、鎌倉までやって来ました。それが、今から三年前のことでした。

【評】「夜の鶴」は、「33」の為家の姉（新中納言の君）との和歌の贈答の中でも使われていた言葉である。

『十六夜日記』では、東海道を下る道中記は重要な柱の一つだが、訴訟の本質とは関わらないので、この長歌では短い言及で済まされている。

38―10　三年の歳月の空費

身《み》は数《かず》ならず　鎌倉《かまくら》の　世《よ》の政《まつりごと》　繁《しげ》ければ　聞《き》こえ上《あ》げてし　言《こと》の葉《は》も　枝《えだ》に籠《こ》もりて　梅《むめ》《埋(う)め》の花《はな》　四年《よとせ》の春《はる》に　成《な》りにけり

［訳］私は鎌倉に到着後に、直《ただ》ちに、細川の庄をめぐる訴訟を起こし、公平な裁きを幕府にお願いしました。けれども、私の願いは、なかなかお取り上げにはならず、進捗しませんでした。一つには、訴えた私が、いかにも取るに足らない賤しい身分の者だからでありましょう。もう一つには、元寇をはじめとして、内外共に多難な時期ですので、幕府の方々には、緊急に対処しなければならない重大な難問が次から次へと押し寄せてきていて、私の訴えに費やす時間がなかったからでもありましょう。

木の葉が枝に隠れてよく見えないことがあるように、私が心を込めて書き上げた訴訟の言葉は、評定《ひょうじょう》の場で公に取り上げられることもありませんでした。けれども、私の提起した訴訟も、また、緊急を要する問題だったのです。裁判での勝訴は、待ち望んだ開花に喩えられるでしょうが、まだ蕾は固く閉じたままです。けれども、私の裁判は膠着状態ですが、自然界では時間は着実に進行していて、今年も梅の花が咲きました。私が鎌倉で梅の花を見るのは、これで三回目です。つまり、私が鎌倉に到着した年から数えますと、今年は四年目となります。

［評］「四年《よとせ》の春《はる》に　成《な》りにけり」を、足かけ四年目の春だと解釈したが、鎌倉で四回目の春を迎えたと解釈すれば、この長歌が詠まれたのは弘安六年（一二八三）で、阿仏尼の没年となる。

枝に籠もる梅を詠んだ歌には、次のような用例がある。

春近《はるちか》き枝《えだ》にや花《はな》の籠《こ》もるらむ木毎《きごと》に梅《むめ》と見《み》ゆる白雪《しらゆき》　『新撰和歌六帖』　藤原為家

春《はる》や疾《と》き軒端《のきば》の梅《むめ》に雪冴《ゆきさ》えて今日《けふ》まで花《はな》の枝《えだ》に籠《こ》もれる　藤原良経

『新撰和歌六帖』の歌は、阿仏の夫・為家の作である。「木毎《きごと》に梅《むめ》」は、「梅」という漢字が「木」と「毎」の二つに分解できることを興じた言葉遊びである。「雪降《ゆきふ》れば木毎《きごと》に花《はな》ぞ咲《さ》きにけるいづれを梅《むめ》と別《わ》きて折《を》らまし」（『古今和歌集』）

に由来している。

38—11　荒廃してゆく和歌の故郷《ふるさと》

行方《ゆくへ》も知《し》らぬ　中空《なかぞら》の　風《かぜ》に任《まか》する　故郷《ふるさと》は　軒端《のきば》も荒《あ》れて　細蟹《ささがに》の　糸(い)如何様《いかさま》にかは
成《な》りぬらむ　世々《よよ》の跡《あと》ある　玉章《たまづさ》も　然《さ》て朽《く》ち果《は》てば　葦原《あしはら》の　道《みち》も廃《すた》れて　如何《いか》ならむ
此《これ》を思《おも》へば　私《わたくし》の　嘆《なげ》きのみかは　世《よ》の為《ため》も　辛《つら》き例《ためし》と　成《な》りぬべし

［訳］　天上でもなく、地上でもない、中空《なかぞら》には、風が吹いています。風は、上へも、下へも、東へも、西へも、南へも、北へも、定まらず吹きます。自分がどこから来て、どこへゆくのか、風自身も、わかっていないのでしょう。私は、都から鎌倉へ来ました。勝訴のあかつきには、再び都へ戻るつもりですが、それがいったい、いつになるのか、想像もできません。それまでは、私も風のように、いや、風任せで、勝訴するのか、敗訴するの

か、宙ぶらりんの日々を送り続けるしかないでしょう。

都に残してきた旧宅も、手入れする人もいないのですから、荒れ放題で、軒端もあちこちが腐ったり、崩れ落ちているかもしれません。蜘蛛の糸を掻き払う人もいないので、蜘蛛の巣だらけになっていることでしょう。こんな状態が、あと何年も続きましたら、都の屋敷はどうなってしまうのかと、心配でたまりません。

けれども、私が本当に心配しているのは、私の屋敷の荒廃などではありません。俊成卿・定家卿、そして為家殿と、三代にわたって集めてこられた、貴重な歌道に関する書物群が破損したり、消滅したりする懼れがあるのです。もしも、そのような事態になりましたら、この「葦原《あしはら》の国＝大和の国」を支えてきた文化的・精神的支柱である和歌の道が、損なわれてしまいかねません。まことに残念な事態であり、考えただけでも戦慄を禁じ得ません。御子左家は、「和歌の家」であるに留まらず、「和歌の故郷《ふるさと》」でもあります。その故郷を、今は荒れるに任せているのです。

ここまで申し上げてきましたので、細川の庄の相続権や、歌書類の所有権をめぐって、私が提起した訴訟が、私という人間の私利私欲のためではないことを、神様にもわかっていただけたことと存じます。この国の政が正しく治まるように、世の中の秩序がもたらされるようにという「公憤《こうふん》」が、私に訴訟を決意させたのです。いや、歌の道の行く末を不安に思う為家殿の霊が、妻である私に乗り移って、今回の訴訟を起こさせたと言ってもよいでしょう。

［評］『十六夜日記』を著した阿仏尼の心を動かしているのは、為氏への私憤ではなく、日本文化の現状に対する公憤である。和歌は、正しい政道を実現するためのツールである。

ただし、皮肉なことに、阿仏尼の主張は、結果的に、彼女が忌《い》み嫌った「二条派」の古典解釈の根幹と共通している。二条派の歌学と古典学を継承した中世の古今伝授の学統は、『源氏物語』を理想の政道のあり方を説いた政道書だと見なした。

公平にみれば、二条家・京極家・冷泉家と三つに分かれた御子左家の歌学と古典学の根本は、「政道論」として共通していたということだろう。

38―12　神の力を信じたい

行《ゆ》く先掛《さきか》けて　様々《さまざま》に　書《か》き遺《のこ》されし　筆《ふで》の跡《あと》　返《かへ》す返《がへ》すも　偽《いつは》りと　言《い》ふ人有《ひとあ》らば
理《ことわり》を　糺《ただす》の森《もり》の　木綿四手《ゆふしで》に　やよや些《いささ》か　掛《か》けて問《と》へ
（糺す）

[訳]　為家殿は生前に、未来のことをよくよく思案して、事細《ことこま》かく、文書で書き記しておかれたのです。そこには、為家殿の直筆で、細川の庄や歌書類の所有権について、我が子・為相に譲ると、明記しておられます。前妻（正室）の子である為氏殿が、どういう行動に出るか、為家殿はよほど心配なさったものか、繰り返し、指示しておられます。

それを信じずに、私の言うことが偽りだと思う方も、おありかもしれません。それならば、お願いがあります。「糺《ただす》の森《もり》」に鎮座まします下鴨《しもがも》神社の「糺《ただす》の神《かみ》」は、理非を「正《ただ》す」お力があるとされます。その神域の木綿四手《ゆうしで》に掛けて、私の発言が正しいか、間違っているかを、糺明《きゅうめい》してみられてはいかがでしょうか。

【評】「糺《ただす》の森《もり》」「糺《ただす》の神《かみ》」を詠んだ歌を、三首挙げておく。

偽《いつは》りを糺《ただす》の森《もり》の木綿《ゆふ》襷《だすき》掛《か》けつつ誓《ちか》へ我《われ》を思《おも》はば
平定文《さだふん》『新古今和歌集』

如何《いか》にして如何《いか》に知《し》らまし偽《いつは》りを空《そら》に糺《ただす》の神無《かみな》かりせば
『枕草子』中宮定子

憂《う》き世《よ》をば今《いま》ぞ別《わか》るる留《とど》まらむ名《な》をば糺《ただす》の神《かみ》に任《まか》せて
『源氏物語』光源氏

38―13　鎌倉幕府の公正な政治を信じたい

濫《みだ》りがはしき　末《すゑ》の世《よ》に　「麻《あさ》は跡無《あとな》く　成《な》りぬ」とか　諌《いさ》め置《お》きしを　忘《わす》れずは　歪《ゆが》
める事《こと》も　又誰《またたれ》か　引《ひ》き直《なほ》すべき　と許《ばか》りに　身《み》を顧《かへり》みず　頼《たの》むぞよ　其《そ》の世《よ》を聞《き》けば
然《さ》ても然《さ》は　「残《のこ》る蓬《よもぎ》」と　託《かこ》ちてし　人《ひと》の情《なさ》けも　掛《か》かりけり

［訳］　それにしても、乱れきった世の中です。そんな時代ですから、正直で誠実な人間は、めっきり少なくなってしまいました。けれども、それを正すのが、政治の使命です。かつて、鎌倉幕府の第三代執権であった北条泰時《やすとき》殿は、「世《よ》の中《なか》に麻《あさ》は跡《あと》無《な》く成《な》りにけり心《こころ》のままの蓬《よもぎ》のみして」と詠まれ、この歌を大いに評価した藤原定家卿は、『新勅撰和歌集』の中に選ばれました。曲がり曲がった蓬のような悪人を矯正して、麻のような真っ当な人間に直すのが、為政者の役割だと、泰時殿は鎌倉幕府の後継者たちに和歌で言い遺されたのです。この歌は『荀子《じゅんし》』の「蓬、麻中に生ずれば、扶《たす》けずして直し」を踏まえています。

泰時殿が和歌でお示しになった遺訓を、その後の鎌倉幕府の為政者たちは、この今でも、よもやお忘れではないでしょう。世の中に横行している不正と不義を、本来のあるべき正しい姿に戻すのは、幕府の為政者でなくて、いったい誰にできることでしょうか。私は、幕府の「正義」を信じています。

だからこそ、私は、この訴訟の成り行きに、これからの日本文化と和歌の道の未来を託しているのです。正義は、必ず認められます。正義を認めるからこそ、為政者であり得るのです。

私は、「世《よ》の中《なか》に麻《あさ》は跡無《あとな》く成《な》りにけり心《こころ》のままの蓬《よもぎ》のみして」という和歌を詠まれた北条泰時殿の事績を、調べたことがあります。そうしますと、驚くべき事実が判明しました。曲がりきった蓬に苦しめられていた人が、私の近い所にもいたのです。その人の名は、俊成卿女《しゅんぜいきょうじょ》。「越部禅尼《こしべぜんに》」とも呼ばれた彼女は、俊成卿の孫娘（俊成卿の娘の娘）でしたが、俊成卿の娘として育てられました。彼女は、播磨《はりま》の国の越部《こしべ》（現在たつの市）という所に荘園を持っていましたが、越部は細川の庄のすぐ近くです。彼女は、地頭《じとう》の横暴が目にあまったので、鎌倉幕府の執権である北条泰時殿に、和歌を贈って地頭の非道を訴えました。それが、「君独《きみひと》り跡無《あとな》き麻《あさ》の数知《かずし》らば残《のこ》る蓬《よもぎ》が数《かず》を理《ことわ》れ」という歌でした。

為政者である執権のあなた一人が、「麻＝善人」を意識しても、あなたの部下たちが誰も彼も「蓬＝悪人」であれば、世の中はどうしようもありません。あなたは、為政者の頂点として、蔓延《はびこ》る悪徳役人を厳しく処罰していただきたいものです、と俊成卿女は訴えたのです。すると、泰時殿は、心に深く感じるところがあったものか、俊成卿女に対して温情あふれる対処をなされたのでした。

【評】儒学者の藤原惺窩《せいか》（一五六一～一六一九）は、冷泉家の子孫に当たっている。細川の庄で生まれた。彼の歌に、親友の赤松広通《ひろみち》の死を悼んで詠んだものがある。広通は播磨の国竜野《たつの》、後に但馬《たじま》の国竹田の城主。関ヶ原の戦いで最初西軍に付いたことから、一六〇〇年に自害した。歌の前に長い詞書が書かれている。その中に、北条泰時の詠んだ「麻と蓬」の歌が引用されている。

> 程無《ほどな》く、今《いま》は昔《むかし》に古《ふ》りにし跡《あと》を、事《こと》の便《たよ》りに、訪《たづ》ね見《み》しかば、時移《ときうつ》り、事去《ことさ》りし、然《さ》も思《おも》ほえず、目《め》暗《く》れ、胸塞《むねふた》がり、遣《や》る方無《かたな》き余《あま》り、いと物狂《ものぐる》ほしき童歌《わらはうた》なむ、一《ひと》つ作《つく》り出《い》でつつ、傍《かたへ》の人《ひと》に語《かた》りしに、「いでや、世《よ》の人《ひと》の心《こころ》の種《たね》し、古《いにしへ》も今《いま》も、異《こと》ならねばや、平《たひら》の昔《むかし》つ人《びと》の詠《なが》めし、『心《こころ》のままの蓬《よもぎ》』に、様《さま》良《よ》く似《に》てむ」とぞ言《い》ひし。然《さ》れど、其《そ》の道《みち》の器《うつは》に堪《た》へたる人《ひと》の、唯《ただ》、此《こ》の事《こと》とのみ習《なら》ひつつ、集《しふ》など広《ひろ》く覚《おぼ》えながら、狐《きつね》の白《しろ》き裘《かはごろも》を盗《ぬす》みて、鳥《とり》の空音《そらね》の関《せき》を謀《はか》りけむ様《さま》したらむこそ、心《こころ》の奥《おく》も見《み》るべく、人《ひと》犯《をか》しぬる科《とが》逃《のが》らふべくもあらず侍《はべ》らめ。賤《あや》しの己《おの》が歌《うた》と言《い》ふ事《こと》知《し》らず、唯《ただ》、折《をり》に触《ふ》れて、何《なに》と無《な》く浮《う》かめる心《こころ》を、破《や》り捨《す》つる許《ばか》りの遊《すさ》みは、同《おな》じ事《こと》言《い》へるも、いと良《よ》し。

頑《かたく》ななるも、をかし。物狂《ものぐる》ほしきも、興《きよう》あり。改《あらた》め作《つく》りても、良《よ》からじ。商州《しやうしう》の刺史《しし》が、「数枝《すうし》の花《はな》を吹《ふ》き折《を》る」と言《い》ひしも、自《おの》づから少《せう》陵《りよう》に適《かな》へりと、返《かへ》りて、自《みづか》ら心驕《こころおご》りせぬかは、とて止《や》みぬ。

蓬生《よもぎふ》の繁《しげ》れる宿《やど》は昔《むかし》見《み》し跡《あと》無《な》き麻《あさ》のあさましの世《よ》や

「鶏鳴狗盗《けいめいくとう》」の故事や、杜甫（少陵）の漢詩が縦横に引用されている。藤原惺窩は、自分の歌が、「平《たひら》の昔《むかし》つ人《びと》」、つまり北条泰時（平泰時）の歌と類似しているけれども、それは良しとしよう、と言っているのだろう。

ただし、藤原惺窩にとって、北条泰時は、自分の先祖と深く関わる為政者なのだった。

38―14　幕府の永遠と、和歌の道の永遠

同《おな》じ播磨《はりま》の　境《さかひ》にて　一《ひと》つ流《なが》れを　汲《く》みしかば　野中《のなか》の清水《しみづ》　淀《よど》むとも　元《もと》の心《こころ》に　任《まか》

せつつ　滞《とどこほ》り無《な》き　水茎《みづくき》の　跡《あと》さへ有《あ》らば　いとど又《また》　鶴《つる》が岡辺《をかべ》の　朝日影《あさひかげ》　八千代《やちよ》の光《ひかり》
射《さ》し添《そ》へて　明《あき》らけき世《よ》の　猶《なほ》も栄《さか》えむ

【訳】　俊成卿女が、幕府執権である北条泰時殿の厚情で、所有権と管轄権を取り戻した越部《こしべ》の庄は、播磨の国にあります。今、私が、所有権と管轄権を取り戻したいと鎌倉幕府に訴えている細川の庄も、播磨の国にあり、隣接していて距離は近いです。さらに言えば、俊成卿女は、俊成卿の孫娘にして養女、私は俊成卿の直系の孫である為家殿の妻です。俊成卿女と私は、「御子左家」という歌の家の流れにつながっています。そして、俊成卿女は和歌の力で越部の庄を回復し、私は、この長歌の力で、細川の庄を回復したいと念願しています。そして、越部の庄も我々冷泉家のものとなることでしょう。ところで、播磨の国には「野中《のなか》の清水《しみず》」という歌枕があります。「古《いにしへ》の野中《のなか》の清水《しみづ》ぬるけれど元《もと》の心《こころ》を知《し》る人《ひと》ぞ汲《く》む」(『古今和歌集』)という歌にも詠まれています。現在では、野中の清水の水量は減ってしまい、本来の清冽な泉の姿ではないものの、元の姿を知っている人は、今でも水を汲みに来てくれる、という意味の歌です。

細川の庄は、現在、為氏殿が不当に所有権を主張していますが、本来、わが息子の為相が相続すべきであり、亡き為家殿もそれを強く望んでおられました。そのことを明記した文書も残っています。ですから、為氏殿の横暴によって、野中の清水が淀み、水が流れなくなっているとしても、為家殿の譲り状が証拠となって、正しい裁きにより、私どもの所有権が回復されましたらば、野中の清水も再び滞りなく流れ始めることでしょう。

そして、正しい裁きが実現しましたならば、今、私がこの長歌を奉納している鶴岡八幡宮の神様の御威光も、鎌倉幕府の威光も、燦然《さんぜん》と輝くことでしょう。鎌倉の守り神である鶴岡八幡宮に差し昇る朝日の赫奕《かくやく》たる光は、いついつまでも光り続け、正義を守る政《まつりごと》を行う鎌倉幕府は、さらにいっそう栄えることでしょう。そのような理想の世の中に、私や私の子孫は住みたいものです。

［評］　理想の政道が、歌の道と深く関わることを力説して、この長歌は歌い収められた。

なお、『俊成卿女集』には、次のようにある。

老《おい》の後《のち》、都《みやこ》を住《す》み浮《う》かれて、野中《のなか》の清水《しみづ》を過《す》ぐとて

忘《わす》られぬ元《もと》の心《こころ》の有《あ》り顔《がほ》に野中《のなか》の清水影《しみづかげ》をだに見《み》じ

なお、『後撰和歌集』にも、「野中の清水」を詠んだ歌がある。

古《いにしへ》の野中《のなか》の清水《しみづ》見るからに差《さ》し含《ぐ》む《汲む》物《もの》は涙《なみだ》なりけり

『源氏物語』の若紫の巻で、北山の僧都《そうず》が詠んだ歌は、この『後撰和歌集』の歌を踏まえている。

差《さ》し含《ぐ》み《汲み》に袖濡《そでぬ》らしける山水《やまみづ》に澄《す》め《住め》る心《こころ》は騒《さわ》ぎやはする

39 反歌

永《なが》かれと朝夕祈《あさゆふいの》る君《きみ》が代《よ》を大和言葉《やまとことば》に今日《けふ》ぞ陳《の》べつる

［訳］私は、朝な夕なに、鶴岡八幡宮に詣でては、悠久の歴史を持つ「和歌の道」の庇護者である朝廷と、その委託を受けて政を行っている幕府への感謝と願いを、祈り続けて

きました。そして、溢れ出てくる思いを和歌の言葉で掬《すく》い取って、この長歌を歌いました。和歌の言葉には、霊的な力があります。この長歌が、鶴岡八幡宮の神様のお心に叶い、『古今和歌集』の仮名序にありますように、「天地《あめつち》（天神地祇）を動《うご》かし」ますように。さらには、二度にわたる蒙古の襲来を撃退した「猛《たけ》き武士《もののふ》」である幕府の為政者の心にも届きますように。

［評］「大和言葉」の力と、和歌の言葉の力。それを信ずること。そして、信じる理念のために、命懸けの行動を起こすこと。それが、阿仏の人生のすべてだった。

Ⅵ　裏書《うらがき》

40　注記の前に

「残《のこ》る蓬《よもぎ》と　託《かこ》ちける」と言《い》ふ所《ところ》の裏書《うらがき》に、

［訳］　阿仏尼の長歌で、「残《のこ》る蓬《よもぎ》と　託《かこ》ちける」（38―13では「託《かこ》ちてし」）とある箇所は、あるエピソードを踏まえている。私が今、書き写している『十六夜日記』の写本の裏紙には、そのエピソードが書き記してあった。遠い昔の、最初期の読者が、後世の読者のために、書き記してくれたのだろう。それを、ここに再録しておく。読者は、阿仏尼の長歌を解釈する際の参考にしてほしい。

〔評〕　これを、阿仏尼本人、もしくは、その子どもたちの誰かが書き記した文章だとする説もあるが、少くとも阿仏尼ではないだろう。作者である阿仏尼自身ではなく、『十六夜日記』の本文を書き写していた人物による「注釈」を、さらに書き写した人物の言葉である。

41　俊成卿女（越部禅尼《こしべぜんに》）の故事

皇太后宮《くわうたいこうぐう》の大夫《だいぶ》俊成《しゆんぜい》の卿《きやう》の御女《みむすめ》、父《ちち》の譲《ゆづ》りとて、播磨《はりま》の国《くに》、越部《こしべ》の庄《しやう》と言《い》ふ所《ところ》を、伝《つた》へ領《し》られけるを、地頭《ちとう》の妨《さまた》げ多《おほ》く、著《しる》ければ、昔《むかし》、武蔵《むさし》の前司《ぜんじ》へ、異《こと》なる訴訟《そしよう》にはあらで、参《まゐ》らせられける歌《うた》、『新勅撰《しんちよくせん》』にも、入《い》りて候《さうら》ふやらむ。「心《こころ》のままの蓬《よもぎ》のみして」と言《い》ふ御歌《おんうた》を託《かこ》ちて、申《まう》されける歌《うた》、

（俊成卿女）君独《きみひと》り跡無《あとな》き麻《あさ》の数知《かずし》らば残《のこ》る蓬《よもぎ》が数《かず》を理《ことわ》れ

と詠《よ》まれければ、評定《ひやうぢやう》にも及《およ》ばず、二十一箇条《にじふいちかでう》の地頭《ちとう》の非法《ひはふ》を、皆《みな》、留《とど》められて候《さうら》ひけり。

其《そ》の後《のち》、野中《のなか》の清水《しみづ》を過《す》ぐ、とて、

（俊成卿女）忘《わす》られぬ元《もと》の心《こころ》の有《あ》り顔《がほ》に野中《のなか》の清水影《しみづかげ》をだに見《み》じ

と詠《よ》まれたるも、其《そ》の越部《こしべ》の庄《しやう》へ、下《くだ》られける歌《うた》にて候《さうらふ》。『新勅撰《しんちよくせん》』に入《い》りて侍《はべ》りし。

［訳］皇太后宮《こうたいこうぐう》の大夫《だいぶ》俊成卿《しゅんぜいきょう》の娘御《むすめご》（俊成卿女《しゅんぜいきょうじょ》）は、「越部禅尼《こしべぜんに》」とも呼ばれた方です。父の俊成卿から相続して、播磨の国の「越部の庄」という所を所有しておられました。ところが、地頭となった鎌倉武士の妨害が、何かにつけて多く、目にあまったので、かつて、武蔵の国の前《さき》の守《かみ》であった執権北条泰時殿に、訴訟を起こしたというかたちではなくて、それとなくお目に掛けた歌が、伝わっています。

その歌は、定家卿《ていかきょう》が撰んだ『新勅撰和歌集』にも入っている、泰時殿の「世《よ》の中《なか》に麻《あさ》は跡無《あとな》く成《な》りにけり心《こころ》のままの蓬《よもぎ》のみして」という歌に言寄《ことよ》せて、俊成卿女が詠まれた歌なのです。

（俊成卿女）君独《きみひと》り跡無《あとな》き麻《あさ》の数《かず》知《し》らば残《のこ》る蓬《よもぎ》が数《かず》を理《ことわ》れ

（泰時様、あなたは鎌倉幕府の執権として、現在は全く無くなってしまった真《ま》っ直《すぐ》な麻――社会正義――を気にしておられるようですが、それならば正義を覆《おお》い隠《かく》すほどにはび広がっている曲った蓬を処罰していただきたいものです。）

このように俊成卿女が泰時殿に申されたところ、泰時殿は評定（裁判）にかけるまでもなく、地頭の二十一箇条にも及ぶ非道を停止され、越部の庄は俊成卿女が安心して所有できるようになったのでした。

そんなことがあった後で、俊成卿女が、播磨の国の歌枕「野中の清水」を詠んだ歌も伝わっています。

（俊成卿女）忘《わす》られぬ元《もと》の心《こころ》の有《あ》り顔《がほ》に野中《のなか》の清水影《しみづかげ》をだに見《み》じ

（忘れられない昔の心――まだ若かった頃の自分の心――が、今でも自分に残っているなどと思って、野中の清水を覗き込むのは止《や》めよう。もし、自分の顔が映ったとしても、すでに若くはない自分の老いた顔しか映っていないだろうから。）

この歌も、俊成卿女が、自分の所領である越部の庄に下られた時の歌なのです。この歌も、『新勅撰和歌集』に入っています。

［評］　俊成卿女の詠んだ「忘《わす》られぬ」という歌は、「38―14」の［評］に書いたように、『俊成卿女集』に入っているが、勅撰和歌集には『新勅撰和歌集』ではなく、『続古今和歌集』に入っている。

あとがき

『十六夜日記《いざよいにっき》』は、日本文学の歴史と進化、あるいは深化を考えるうえで、大切な視点を提供してくれる。

著者の阿仏尼《あぶつに》が、都から鎌倉に下ったのは、弘安《こうあん》二年（一二七九）だと考えられる。『十六夜日記』の巻末に置かれた長歌と反歌が詠まれたのは、その三年後の弘安五年（一二八二）である。その翌年の弘安六年（一二八三）に、阿仏尼は没した。今年、二〇二三年は、阿仏尼の没後七四〇年目に当たっている。

没したのは鎌倉だったとも、都だったとも伝えられるが、阿仏尼の終焉の地として、私は鎌倉のほうがふさわしいと感じる。阿仏尼は、鎌倉で訴訟という闘いに従事しながら、その中途で、夢半ばにして倒れた。そう考えるほうが、いかにも阿仏尼の最期にふさわしい。阿仏尼は、戦う女性だった。

我が国で最初の文学作品とされる『古事記』が成立したのは、七一二年。それを、日本文化の起点としよう。我が国が近代の扉を開いたのが、明治維新の一八六八年だったとすれば、その中間点は、単純に計算すれば一二九〇年となる。阿仏尼没後から、わずか七年目である。

奈良時代・平安時代・鎌倉時代・室町時代・安土桃山時代・江戸時代と、「古典文学」が生まれ続けた「古典の時代」の中間点近くを、阿仏尼は生きた。『十六夜日記』が分水嶺となって、『十六夜日記』以前と、『十六夜日記』以後とで、日本文学や日本文化は、異なる様相を呈している。

文学とは何か。日本文学、いや日本文化の要《かなめ》となっている「和歌」とは何か。そのことを、突き詰めて考えたのが『十六夜日記』である。

中世文化は、藤原定家《ていか》から始まった。定家は、三百年前の『古今和歌集』と、二百年前の『源氏物語』、さらには『伊勢物語』を中心に据えて、自分と自分の子孫たちが生きなければならない「中世」の新しい文化を作り出した。王朝の古典の生命力を引き出すことで、新しい中世文化が誕生したのである。

その定家の子（後継者）である藤原為家《ためいえ》の側室（後妻、あるいは妾《しょう》）が、阿仏尼だった。定家を水源として流れ始めた中世文化の流れは、為家の子どもたちの世代で、二条家《にじょうけ》、京極家《きょうごくけ》、冷泉家《れいぜいけ》という三つに分流した。その分流の原因となったのが、阿仏尼にほかならない。その意味でも、『十六夜日記』は、日本文化の分水嶺だと言える。

『十六夜日記』は、日記文学や紀行文学というジャンルには収まりきれない広がりを持っている。『十六夜日記』の中には、さまざまなジャンルが流れ込み、そして、ここからさまざまなジャンルへと流れ出していった。

『十六夜日記』の最初には、歌論《かろん》、すなわち、和歌を基軸に据えた日本文化論や政道論が書かれている。すなわち、『十六夜日記』は文芸批評・文明批評の書である。

次に、「別れの歌」が配置される。旅に出る人と、それを見送る人との和歌の贈答は、こういうふうに詠むのだという見本集である。和歌の多様なテーマの中でも、悲哀の感情が極度に高まる「離別歌」は、詠み方がむずかしい。そのカタログなのである。音楽ならば、練習曲集である。

それを受けて、二週間の「旅の日録」が展開する。この部分が、狭義の日記文学であり、紀行文学に属している。この部分は、和歌と散文が融合して書かれている。

その後は、鎌倉に滞在している阿仏尼と、都に残った人々との「贈答歌」が書き記される。歌は、手紙の中に書かれているから、「和歌の贈答」という捉え方では十分ではなく、「往復書簡集」の見本が、ここに示されていると考えたい。むろん、厳密な意味での書簡文ではない。往復書簡の中に含まれている贈答歌のカタログである。

最後には、長歌と反歌が添えられている。『万葉集』で盛んに詠まれて以来、ほとんど詠まれなくなった長歌（と反歌）の詠み方の見本が、ここには示されている。

全体として見ると、『十六夜日記』は「和歌」というテーマによって統一されている。そのうえで、「和歌の評論」「別れの歌の詠み方」「和歌と散文から成る紀行文の書き方」「贈答歌を含む書簡文の書き方」「詠むのが困難な長歌と反歌の詠み方」というバリエーションがある、と見なしうる。

『十六夜日記』に欠けているのは、「物語」の要素である。物語もまた、和歌を重要な構成要件とする散文だった。ところで、阿仏尼が若き日の「恋と隠遁《いんとん》と旅」を物語のように書き紡いだのが、『うたたね』という作品だった。

『うたたね』と『十六夜日記』を一《ひと》まとまりとして把握すれば、物語、批評、和歌、紀行文、日記、書簡、長歌などが一つに融け合っているのが、阿仏尼の文学世界だったことに気づかされる。

『うたたね』は、阿仏尼が藤原為家と出会った頃に書き始められ、完成したのだろう。『うたたね』の最初の読者は、あるいは為家だったのかもしれない。『源氏物語』を咀嚼《そしゃく》しているだけでなく、『源氏物語』の注釈研究を自家薬籠中《じかやくろうちゅう》のものとしおおせた阿仏尼の輝かしい才能を、為家は深く愛したのではなかったか。為家の愛を勝ち取るために、阿仏尼は、『源氏物語』を武器として、懸命に運命と戦ったのである。為家の愛は、文学に向けられていた。阿仏尼は、美しい文学を生み出せる、稀有《けう》の才能の持ち主だった。その証《あか》しが、『うたたね』である。『源氏物語』を愛する者ならば、『うたたね』という佳品を愛さずにはいられない。それほどの愛《いと》おしさが、『うたたね』には感じられる。

その当然の結果として、為家と阿仏尼の仲は急速に接近し、為相《ためすけ》の誕生につながった。それが、父の為家と、長男の為氏との不仲をもたらしたのだろう。そうなると、『うたたね』は、二条・京極・冷泉という三つの家への分裂の端緒となった問題作だった、ということになる。

『十六夜日記』は、為相、さらには為守《ためもり》の「母」となった阿仏尼が、亡き為家から相続すべき細川の庄と、定家自筆の漢文日記『明月記』や歌書などの古典文書を守るための壮烈な戦いを描いた作品ということになる。それは、文字通り、終わりなき戦いだった。

『十六夜日記』は、子どもを守る母親の戦いを描いた作品である。「母の文学」であると同時に、「戦う文学」なのでもある。二条家の為氏と戦うために、京極家の為子《ためこ》や為兼《ためかね》（『十六夜日記』ではタメカヌ）と協力している。この「合従連衡《がっしょうれんこう》」も見事である。

私も『新訳 十六夜日記』を書きながら、「文化は、命懸けで戦い取らなければならない」というメッセージを、阿仏尼から教えてもらった気持ちになった。『十六夜日記』の読後感は、一二二一年の承久の乱に際して、北条政子《ほうじょうまさこ》の熱弁を聞いた鎌倉幕府の御家人《ごけにん》たちの気持ちとも近いだろう。

中世文化は、『源氏物語』を「政道書《せいどうしょ》」として理解する点に、最大の特徴があった。これは、本居宣長が「もののあはれ」論で否定するまで、長く日本文化の根幹を形成してきた文化論である。それが、為氏から始まる二条家の教えであり、「古今伝授《こきんでんじゅ》」の思想だった。

けれども、その二条家の祖である為氏よりも、二条家と対立した冷泉家の祖・為相の母親である阿仏尼のほうが、格段に政治的なセンスに恵まれていた。歴史、いや文学史の皮肉である。阿仏尼は、「俊成・定家・為家」の血を引いていないけれども、直系（嫡流）の為氏以上に、中世の「源氏文化＝政道論」を体現していた女性なのである。

阿仏尼は、中世文化の「母」なのでもあった。『十六夜日記』が、日本文学史の中で有名な作品であるのも、そこに理由があったのだろう。

ただし、中世人や近世人に支持された『十六夜日記』も、近現代人が実際に読んでみると、「それほど面白く感じられない」という批判を受けることが多かった。本書『新訳 十六夜日記』は、『十六夜日記』のエッセンスを、わかりやすく現代人に伝えたいという目的で書かれた。この作品は、今もなお文化論としての役割を果たすことが可能である。

私がかつて『源氏物語ものがたり』を書いた時には、紫式部以外に、女性文学者を入れられなかったのが、最大の痛恨事だった。『新訳 うたたね』と『新訳 十六夜日記』の二冊は、阿仏尼を「源氏文化」の重要な担い手として位置づける試みなのだった。

本書でも、編集を橋本孝氏に、組版を江尻智行氏に、それぞれお願いできた。この幸せを嚙みしめている。このお二人は、私が「花鳥社をライフワークの出版元としたい」と決心した時以来のお付き合いである。前作『新訳 うたたね』から新しくお願いした「モトモト」の装幀も、気に入っている。

親しい人たちと共に、古典を現代に蘇らせる壮大な試みを続けられるのは、大いなる喜びです。これからも、よろしくお願いします。

二〇二三年四月二十五日　四十二回目の結婚記念日に

島内景二

島内景二（しまうち・けいじ）

一九五五年長崎県生
東京大学文学部卒業、東京大学大学院修了。博士（文学）
現在　電気通信大学名誉教授
二〇二〇年四月から二年間、ＮＨＫラジオ第二「古典講読・王朝日記の世界」を担当。二〇二三年四月から再び「古典講読・日記文学をよむ」を担当。

主要著書
『新訳更級日記』『新訳和泉式部日記』『新訳蜻蛉日記　上巻』『王朝日記の魅力』『新訳紫式部日記』（共に、花鳥社）
『新訳　うたたね』『和歌の黄昏　短歌の夜明け』（共に、花鳥社）
『塚本邦雄』『竹山広』（コレクション日本歌人選、共に、笠間書院）
『源氏物語の影響史』『柳沢吉保と江戸の夢』『心訳・鳥の空音』（共に、笠間書院）
『北村季吟』『三島由紀夫』（共に、ミネルヴァ書房）
『源氏物語に学ぶ十三の知恵』（ＮＨＫ出版）
『大和魂の精神史』『光源氏の人間関係』（共に、ウェッジ）
『文豪の古典力』『中島敦「山月記伝説」の真実』（共に、文春新書）
『源氏物語ものがたり』（新潮新書）
『御伽草子の精神史』『源氏物語の話型学』『日本文学の眺望』（共に、ぺりかん社）
歌集『夢の遺伝子』（短歌研究社）

新訳 十六夜日記

二〇二三年六月二十五日　初版第一刷発行

著者……島内景二

発行者……橋本 孝

発行所……株式会社 花鳥社

https://kachosha.com

〒一五三-〇〇六四 東京都目黒区下目黒四-十一-十八-四一〇

電話　〇三-六三〇三-二五〇五

FAX　〇三-三七九二-二三二三

装幀……株式会社モトモト 松本健一／佐藤千祐

組版……江尻智行

印刷・製本……モリモト印刷

ISBN 978-4-909832-76-4 C1095

和歌の黄昏　短歌の夜明け

好評既刊　島内景二著

歌は、21世紀でも「平和」を作りだすことができるか。
日本の近代を問い直す！

『古今和歌集』から日本文化が始まる」という新常識のもと、千四百年の歴史を誇る和歌・短歌の変遷を丁寧にひもとく。「令和」の時代を迎えた現代が直面する、文化的な難問と向かい合うための戦略を問う。江戸時代中期に興り、本居宣長が大成した国学は、平和と調和を祈る文化的エッセンスである「古今伝授」を真っ向から否定した。『古今和歌集』以来の優美な歌では、外国文化と戦えないという不信感が『万葉集』を復活させたのである。強力な外来文化に立ち向かう武器として『万葉集』や『古事記』を持ち出し、古代を復興した。あまつさえ、天才的な文化戦略家だった宣長は、「パックス・ゲンジーナ」（源氏物語による平和）を反転させ、『源氏物語』を外国文化と戦う最強の武器へと組み換えた。これが本来企図された破壊の力、「もののあはれ」の思想である。だが、宣長の天才的な着眼の真意は、近代歌人には理解されなかった。『源氏物語』を排除して、『万葉集』のみを近代文化の支柱に据えて、欧米文化と渡り合おうとする戦略が主流となったのである。

A5判、全348ページ・本体2800円＋税

新訳紫式部日記

好評既刊　島内景二著　『新訳』シリーズ

『源氏物語』作者は、どのような現実を生きていたのか。

……私は、文学的な意味での「新訳」に挑戦したかった。すなわち、「批評としての古典訳」の可能性を開拓したかったのである。これまでの日本文化を踏まえ、新しい日本文化を切り開く、そういう「新訳」が必要だと思い続けてきた。

『紫式部日記』の本文は……現在の研究の主流である黒川本ではなくて、群書類従本を使うことにした。それは、黒川本だけでは解釈できない箇所が、いくつも残っているからである。ならば、日本の近代文化を作り上げた人々が、実際に読んできた「群書類従」の本文で読みたい、と思う気持ちが強くなった。むろん、黒川本と違っている箇所には、できるだけ言及するつもりである。

『紫式部日記』では、一条天皇の中宮である彰子に仕えた紫式部によって、日本文化が一つの頂点に達した十一世紀初頭の宮廷文化の実態が、ありのままに記録されている。そこに、『紫式部日記』の最大の魅力がある。

――「はじめに」より

はじめに…紫式部と『紫式部日記』への誘い　I　日記（寛弘五年・一〇〇八年）　II　日記（寛弘六年・一〇〇九年）　III　ある人に宛てた手紙（消息文）　IV　日記（寛弘七年・一〇一〇年）　あとがき

四六判、全552ページ・本体2400円＋税

本書はこの数年に公刊した『新訳更級日記』『新訳和泉式部日記』、『新訳蜻蛉日記　上巻』の姉妹版です。ＮＨＫラジオ放送と連動してそれぞれの全文の現代語訳は果たされたが、放送では話されたものの既刊３冊には含まれていない台本を基にして書き下ろされたものです。

王朝日記の魅力

好評新刊　島内景二著

三浦雅士氏評『毎日新聞』２０２１年10月23日「今週の本棚」掲載〈古典が現代に蘇るのはなぜか〉

名著である。記述新鮮。冷凍されていた生命が、目の前で解凍され、再び生命を得て動き出す現場に立ち会っている感じだ。道綱の母も孝標《たかすえ》の娘も和泉式部も、生身の女性として眼前に現われ、それぞれの思いをほとんど肉感的な言葉で語り始める。ですます調ではないが、もと放送用に書かれたからかもしれない。だがそれ以上に、著者が女たちに共鳴し、それが読者にまで及ぶからだと思える。

『蜻蛉日記』中巻、『更級日記』、『和泉式部日記』の三部から成る。目次を見て、なぜ『蜻蛉日記』の上巻からではなく中巻から始まるのか、などと訝《いぶか》しく思ってはならない。中巻は『蜻蛉日記』作者の夫・兼家らの策謀によって、醍醐《だいご》帝の皇子で臣籍降下した源高明《たかあきら》失脚の安和《あんな》の変から始まる。藤原一族の外戚政治が決定的になった事件である。この兼家の子が道隆、道綱、道長なのだ。

言うまでもなく、道隆の娘・定子が一条帝に嫁した後宮で清少納言の『枕草子』が書かれ、同じ帝に嫁した道長の娘・彰子の後宮のもとで紫式部の『源氏物語』が書かれた。『源氏物語』が、その心理描写において、いかに『蜻蛉日記』の影響下に書かれたか、言葉遣いはもとより、人間関係の設定そのものに模倣の跡が見られることが、記述に沿って説明されてゆく。しかも、『源氏物語』に死ぬほど憧れたのが『更級日記』の作者・孝標の娘であり、彼女は道綱の母の姪《めい》にほかならなかった。

まるで、ある段階の藤原一族がひとつの文壇、それも世界文学史上まれに見る高度な文壇を形成したようなもの。さらにその孝標の娘が、『夜の寝覚《ねざめ》』『浜松中納言物語』の作者である可能性が高いと著者は言う。読み進むにつれて、それは間違いないと思わせる。『浜松中納言物語』に描かれた輪廻《りんね》転生が三島由紀夫の「豊饒《ほうじょう》の海」四部作まで流れてくるわけだが、日本語の富というほかない。日本文学は、一族が滅ぼしたその相手側の悲劇を深い同情の念をもって描く美質をもっていることに、あらためて感動する。

むろん、すべて周知のことだろうが、これまでは独奏、室内楽として読まれてきた日記や物語が、じつは巨大なオーケストラによる重厚な交響曲の一部にほかならなかったことが明かされてゆくのである。その手際に驚嘆する。

この手法はどこから来たか。著者には、古典現代語訳のほかに、『北村季吟』『三島由紀夫』という評伝があってその背景を窺《うかが》わせるが、とりわけ重要なのは、評伝執筆後、雑誌『日本文学』に発表された評論「本居宣長と対話し、対決するために」である。十年ほど前の作だがネットで読める。季吟、宣長、橘守部《たちばなもりべ》三者の、王朝語に向き合う姿勢を対比して、古代がイデオロギーとして機能してゆくそのダイナミズムを論じたものだが、最後に浮き彫りにされるのは現代あるいは現在というものの重要性というか謎である。

小林秀雄『本居宣長』冒頭は折口信夫との対話の様子から始められるが、印象に残るのは「宣長は源氏ですよ」と別れ際に語った折口の一言。著者の評論は、この小林と折口の対話の焦点を理解するに必須と思えるが、それ以上に、本書『王朝日記の魅力』の淵源《えんげん》を端的に語る。王朝文学が21世紀の現在になぜ生々しく蘇《よみがえ》るのか、その謎の核心に迫るからである。

四六判、全490ページ・本体2400円+税

新訳蜻蛉日記　上巻

好評既刊　島内景二著『新訳』シリーズ

『蜻蛉日記』を、『源氏物語』に影響を与えた女性の散文作品として読み進む。『蜻蛉日記』があったからこそ、『源氏物語』の達成が可能だった。作者「右大将道綱の母」は『源氏物語』という名峰の散文作品の扉を開けたパイオニアであり、画期的な文化史的意味を持つ。

四六判、全408ページ・本体1800円＋税

新訳和泉式部日記

好評既刊　島内景二著　『新訳』シリーズ

もうひとつの『和泉式部日記』が蘇る！

底本には、現在広く通行している「三条西家本」ではなく、江戸から昭和の戦前まで広く読まれていた「群書類聚」の本文、「元禄版本」（「扶《ふ》桑《そう》拾《しょう》葉《よう》集《しゅう》」）を採用。あなたの知らない新しい【本文】と【訳】、【評】で、「日記」と「物語」と「歌集」の三つのジャンルを融合したまことに不思議な作品〈和泉式部物語〉として、よみなおす。

四六判、全328ページ・本体1700円＋税